초록애상

초록애상

노상비 산문집

유진, 진기, 윤기에게

 여는 글

　'초록애상'이라는 제목을 보더니 어느 분이 그 의미를 물었다. 여기서 '애상'의 한자는 '哀傷', '哀想' 그리고 '愛想', '愛狀'도 가능하다. 여러 뜻의 '애'와 '상'이 있고 어느 의미로도 쓰일 수 있다. 이 책을 읽는 분은 자신이 좋아하는 한자를 하나 골라잡으면 된다. '슬픈 그리움'이든 '사랑의 모습'이든 읽는 이의 마음속에 있는 것이 읽힐 것이다. 그것은 상처일 수도 이별일 수도 있다. 그 모든 마음의 상에 초록을 불어넣고 싶었다.
　한자를 모르더라도 '애상'이라는 말에서 우리는 자연스레 슬프거나 가슴 아픈 감정을 느낀다. 주로 마음속 깊이 느끼는 슬픈 감정을 표현할 때 사용하는 단어가

'애상'이다. 문학이나 다른 예술에서도 자주 표현되는 정서다. 인간의 삶과 죽음에 대한 성찰, 사랑하는 사람과의 이별, 그리고 그리움의 감정을 담아내는 주제로 다루어진다.

문학에서의 애상적 정서는 인간의 내면적 갈등과 슬픔을 통해 깊이 있게 주제를 전달할 수 있게 한다. 애상이 인간의 감정을 이해하고 공감하는 데 중요한 역할을 담당하기 때문이다. 이러한 감정의 표현은 우리가 상실과 슬픔을 극복하고 삶의 아름다움을 다시 발견하는 데 도움을 준다.

정호승 시인의 시 「슬픔이 기쁨에게」에 보면 '사랑보다 소중한 슬픔을 주겠다'라는 표현이 나온다. 슬픔을 통하여 기쁨을 알게 되고, 타인의 슬픔을 공감하면서 사랑도 만들어 간다는 내용이다. 소중한 슬픔이다.

8년간 쓴 글들을 정리하며, 그 속에 조용하게 숨어 있는 슬픔을 만났다. 살아가면서 돌부리에 걸려 넘어지거나 실패라는 딱지에 휘둘린 적도 많았지만 가장 힘이 들었던 것은 사랑하는 사람들과의 이별이었다. 그때마다 슬픔을 통하여 삶의 진실을 물었다. 왜 푸른 슬픔은 그 바닷가에 그리 출렁이었나? 능소화는 담벼락 아래로 후드득 떨어져 그리움에 눈물짓게 했나? 그렇게 그리움의 골목을 누비며 인생이 여물어졌다. 그것은 아름다운 마음의 행로였다. 슬픔은 끝이 아니고 시작이었다. 그 길을 걸으며 그 이면에 있는 기쁨을 알게 되었고, 그것들의 공감 속에서 사랑도 깨우쳤다. 슬픔이 힘이 되고, 에너지가 되었다.

책을 엮다 보니 내가 사진 찍는 걸 꽤 즐겨왔다는 걸 알게 되었다. 수필을 쓰기 전부터 사진작가인 친구들을 쫓아서 바다와 숲과 산속을 다녔다. 그동안 파묻혀 지냈던 문자에서 벗어난 해방감이었을까. 새로운 세상으로 나가고 싶은 나의 손에는 언제나 카메라가 들려 있었다.

돌담 사이로 피어나던 녹색 식물들, 숲속의 초록 물결, 바다 위의 달빛의 그림자 등 렌즈에 담긴 장면들은 사서삼경의 명언보다 더 반짝이고 경이로웠다. 그 순간들을 서툴게 담아낸 사진들을 역시 서툰 글과 함께 담을 수 있도록 이끌어준 읽고쓰기연구소에 감사드린다.

최기환 작가님께도 감사드린다. 내 글과 어울리는 사진들을 선뜻 내주시던 모습이 떠오른다. 좋은 글로 보답하리라.

중국을 여행하고 돌아오는 제자들이 루쉰魯迅과 아큐阿Q의 사진이나 그림을 선물하곤 했다. 어느 제자가 루쉰의 고향인 샤오싱紹興에서 구입한 그림을 액자에 넣어서 연구실 탁자 위에 세워 놓고 갔다. 오랫동안 그 그림을 바라보며 루쉰 강의를 했다. 아름다운 추억을 이 책에 담아 간직할 수 있게 되어 기쁘다. 오늘 문득 그네가 보고 싶다.

내 글 속의 애상과 슬픈 그리움의 색깔은 초록빛이다.

2025년 8월
노상비

차례

여는 글 ─────────────── 006

1장 길 위에서

마두역에서 ─────────── 015
코끼리 날다 ─────────── 020
거인의 밥그릇 ────────── 026
바다의 신호 ─────────── 031
내려오는 길 ─────────── 036
울지 못하는 병 ────────── 041
꺾이지 않는 마음 ───────── 046
그날의 절실함으로 ──────── 052
외로움의 경계선 ───────── 056
항아리의 뚜껑을 열다 ─────── 061
서어나무의 꿈 ────────── 065
작은 것은 나였다 ───────── 071

2장 이별 이야기

푸른 슬픔 ──────────── 079
프란체스카의 마지막 편지 ───── 084
책을 염습하다 ────────── 092
하얀 나비 ──────────── 097
타샤의 가위 ─────────── 103
보랏빛 위로 ─────────── 109
어여쁜 그대 ─────────── 114
어느 담벼락에 능소화가 피었더라 ─ 119
이별의 절차 ─────────── 125
웃음소리 ───────────── 131

3장 장자의 꿈

퉁소 소리	139
청춘의 덫	146
오봉선 위에서 만난 사람	154
붉디붉은 그대	159
책상 하나 안고	165
루쉰의 노라	171
보이차가 우려지는 동안	177
황금의 힘	183
하늘 속으로 걸어가다	187
헤이리 하늘을 날아서	191
텅 빈 가득함	195
조랑말에게	200
낮게 따스하게 고요하게	206

4장 그리움을 그리다

회색 바바리코트의 뒷모습	139
자운서원, 아버지의 숨결	146
여보세요, 엄마	154
소리 없는 아우성	159
코스모스 같은 사랑	165
엄마가 미안해	171
디트로이트 공항에서	177
푸르른 나무들	183

닫는 글 253

1장

길 위에서

마두역에서

 마두역에 서 있다. 호수 공원에 가기 위하여 신호등 앞에서 신호를 기다린다. 사람들이 모두 바쁜 모습이다. 전철이 도착했는지 지하철 입구에서 많은 사람이 쏟아져 나온다. 뛰어서 입구로 들어가는 사람들도 있다. 시계를 보니 6시다. 퇴근 시간이로군.
 지나다니는 사람이 많은 마두역은 지하철 3호선이 일산으로 들어오는 첫 번째 역이다. 호수 공원과 정발산에 가기 위해서도 이곳을 지나야 한다. 버스 정류장에도 차를 기다리는 사람과 차에서 내리는 사람으로 복잡하다. 모두가 분주한 모습으로 발걸음을 재촉한다. 버스들은 멈추었다가 다시 사람들을 태우고 떠난다.
 신호등 앞에서 한참을 선 채로 사람들을 바라본다. 사람들이 눈에 가득 찬다. 오랫동안 이곳에서 전철을 탔는데, 이렇게 많은 사람이 내 눈 안에 들어오긴 처음이다. 사람이 보인다. 그들의 힘든 표정도 느껴진다. 땀 냄새가 콧속으로 훅 들어온다. 감정의 회오리가 뭉클거린다.

집으로 돌아가는 길. 젊은 남자는 횡단보도를 건너면서도 핸드폰으로 끊임없이 대화에 몰두한다. 퇴근 시간에 맞추어 하루 일을 마무리하나 보다. 무거운 책가방을 어깨에 메고 도시락 가방을 들고 있는 학생들도 지하철 입구 쪽으로 뛰어간다. 자기에게 주어진 하루를 살기 위하여 달리고 뛰는 모습. 순간 콧등이 시큰해지고 눈 밑이 흔들린다. 저녁 찬거리를 사 들고 신호를 기다리는 가정주부의 블라우스에 땀이 흥건히 배어 있다. 약간 몸이 불편해 보이는 한 노인이 배낭을 멘 모습이 구부정하다. 걸음이 자유롭지 못한데 왜 저리 가방이 무겁도록 짐을 챙겼을까. 삶이 진정 무거운 짐을 지는 것이구나. 등이 굽은 그 노인을 바라보기가 힘들어 나는 시선을 돌리고 만다. 하늘을 쳐다보니 텅 빈 느낌이다. 신호등이 오늘따라 왠지 길게 느껴져 길 옆으로 눈길을 돌린다.

좌판에 채소와 곡물을 펼쳐놓고 있는 할머니들이 보인다. 고구마, 미나리, 호박잎, 깻잎을 펼쳐놓은 채 무표정하게 앉아 있다. 넓은 차양의 모자 아래로 그을린 얼굴이 숨어 있다. 검게 주름진 손은 쉴 줄을 모른다. 좌판에 펼쳐져 있는 더덕 두 더미를 집어 들었다.

"얼마예요? 할머니, 더운데 빨리 들어가세요."

"다 팔아야지."

할머니의 말투에서 고단함이 다가온다. 손은 투박하고 거칠다. 고단하지만 자신의 하루에 최선을 다하는 모습에 짠한 감동이 스며든다.

나는 몇 번이나 신호가 바뀌었는데 횡단보도를 건너지 못하고 있다. 그들을 더 지켜보고 싶어서이다. 오랫동안 인문학을 연구했는데, 사람들이 이토록 애틋하긴 처음이다. 마두역 사람들의 삶을 향한 날갯짓이 작은 파동으로 밀려온다. 생존하기 위하여 달리는 그들과 나는 동지이다. 손을 잡고 싶다.

분주한 저 걸음들은 어디로 향하는 것일까. 짐을 들고 땀을 흘리며 집으로 돌아가고 있다. 아, 그래. 우리에게는 집이 있구나. 서로의 힘든 것을 풀어놓고 위로받을 수 있는 그곳. 가족의 품으로 돌아간다는 소박한 바람 때문일까. 가슴 밑바닥부터 따뜻함이 전해져 온다.

"박하 풀에서 박하 냄새가 나지 않으면 박하 풀이 아닐지도 모른다. 사람에게서 사람 냄새가 나지 않으면 사람이 아닐지도 모른다."라던 이외수의 말이 떠오른다. 사람 냄새란 무엇인가.

나는 오늘 마두역에서 만난 사람들에게서 사람 냄새를 물씬 느꼈다. 삶의 희망을 느꼈다. 그들이 가지고 있는 사람 냄새가 나를 살려낸다. 내가 그들의 손을 잡고 있는 것이 아니라, 그들이 내 손을 잡아준 것이다.

작은 감동의 파도는 좀 더 큰 물결로 가슴 가득히 차오른다. 눈을 감았다 뜬다. 자세히 보니 그들 속에 웃고 있는 사람들이 보인다. 힘든 현실 속에서도 그들은 웃으면서 걷고 있다. 미소를 지으며……. 나는 그들이 좋다. 그들의 냄새가 좋고, 웃음소리도 좋다. 책 속에서 보았던 어떤 인물보다 감동스럽고, 그들의 고단함마저도 따뜻하게 느껴진다.

오랫동안 인문학을 공부했다. 이제야 사람 냄새를 맡는다. 사람이 없는 인문학을 연구했다는 생각이 든다. 문학 작품의 구성과 인물들을 분석하고 주제 속에 나타난 은유와 상징을 찾아 헤맸다. 문학 속에 인물들을 분석하며 선과 악을 구분하고 그것의 결론을 도출해 냈다. 그런데 이제야 사람이 내 안으로 들어왔다. 문학 속에 나타난 인간을 학문적 철학적 사회적 의미에 치중하여 연구했다는 생각이 든다. 인간을 이해하는 내 인식이 너무 개념적이었다. 박제된 인형을 안고 인문학을 공부한 것이다. 내가 썼던 논문의 원고지들이 바사삭하고 바스러지는 소리가 들렸다.

횡단보도를 건너 호수 공원 가는 길로 접어든다. 문득 뒤를 돌아보니 멀리 마두역이라는 팻말이 보인다. 사는 것이 힘들지만 저 너머에 무엇이 있는지 기대하며 걷는다.

아름다운 그들이 거기, 마두역에 있었다. 나도 오늘 그들과 함께 서 있었다.

코끼리 날다

내 이름은 두 개다.

 논문을 끝내고 귀국을 서두르던 때였다. 이곳저곳에서 환송회가 열렸다. 그동안 가르침을 받았던 교수님들께 인사드리고, 함께 공부했던 중국 친구들과도 귀국 인사를 나누었다. 당시 친하게 지내던 송하경 교수님에게도 먼저 돌아가게 되었다고 인사를 드렸다. 서예가이면서 동양철학을 전공한 송 교수님은 내 귀국 기념으로 '호號'를 선물하겠다고 하셨다. "수화樹話. 노 선생님을 보면 나뭇잎들의 속삭임이 느껴져요."

 나뭇잎들의 속삭임. 나는 그 말이 참 좋았다. 이른 새벽에 숲속을 걸은 적이 있었다. 대기의 상쾌함이 말할 수 없을 지경이었다. 숲속의 나무들이 나에게 말을 걸었다. 온몸의 세포가 살아나며 가슴속까지 나무와 나뭇잎들의 속삭임이 들려왔다. 나의 오감이 나무숲에서 들리던 나무들의 속삭임으로 가득 찼다. 그러나 '수화'는 김환기 화백의 호이다. 송 교수님은 아쉽지만 다른 사람이 이미 쓰고 있는 호는 안 된다고 하셨다.

호는 이름 이외에 편하게 부를 수 있는 호칭을 말한다. 주로 한국이나 중국 등 동양에서 사용되었다. 학자들이나 문인들이 학문적 교류나 편지를 주고받을 때 본 이름보다 호를 써야 예의를 차리는 것이라는 인식에서 시작되었다.

송 교수님이 새로 주신 호는 '상비象飛'인데, 그 뜻은 '코끼리 날다'이다. '수화'보다는 조금 무겁게 들린다. 나는 마음에 적이 부담되었다. 고개를 갸우뚱했다. 수화와 상비는 어떤 연결성이라고는 전혀 없는 언어이다. '나뭇잎들의 속삭임'과 '코끼리 날다'는 완전히 다른 세계이다. 그분은 내 안에서 무엇을 보았기에 이런 호를 나에게 주었을까. 양면성이 내게 존재한다는 것을 알려주고 싶었을까. "여자이지만 이 세상을 날아 보세요." 수필로 등단하면서야 쓰임새를 얻게 되었다. '상비'를 필명으로 사용하게 된 것이다.

코끼리 사진을 가만히 쳐다본다. 자꾸 쳐다보니 귀엽다. 현존하는 동물 가운데 가장 덩치가 큰 동물이라는데 내 눈에는 그

© 최기환

저 귀엽게만 보인다. 내 이름이 코끼리여서일까. 코끼리는 코가 제일 볼만하다. 사람의 손과 같은 역할을 하고 있는데, 그 코로 모든 것을 잡아챈다. 동물원의 코끼리는 어린아이들이 잡고 있는 과자도 낚아채곤 한다. 웃음이 나온다. 나처럼 욕심쟁이구먼. 코끼리 눈은 마음에 들기도 하고 싫기도 한데, 우람한 몸매에 어울리지 않게 조그맣다. 선량하기 그지없는 눈빛이 애처롭다. 가장 마음에 드는 것은 둥근 귀이다. 그 귀가 부럽다. 코끼리는 날기 어려워 보인다. 동물 중에 덩치가 가장 크다. 저 무거운 몸으로 하늘을 날다니 상상할 수가 없다. 이루어질 수 없는 것, 불가능한 것을 가능한 것으로 바꿔야 하는 상황을 비유하는 말이 '코끼리를 날게 하라'이다. 코끼리가 난다는 것은 그렇게나 힘이 드는 일이다.

그런데 내 이름이 '코끼리 날다'이니, 달리 표현하면 나는 '날아다니는 코끼리'인 셈이다. 누군가 말했다. 이름이 운명이라고. 그러면 이제 나도 날아야 하나? 코끼리가 나는 것만큼이나 어려워 보인다. 나는 이젠 나이가 들었고 몸도 갈수록 민첩하지 못하다. 하늘을 날기에는 악조건이다. 내게 이름을 주신 분은 나에게 '여자이지만 이 세상을 날아보라'고 말씀하셨다. 하지만 내가 날지 못하는 것은 여자이기 때문이 아니다. 지금까지 살면서 여자라는 사실은 나에게 아무런 장애 요소가 되지 않았다. 어떤 조건 때문에 포기한 적은 없다. 다만 내 마음속에 품고 있는 것이 무엇인지 알아내는 것이 어려웠을 뿐이다.

예전에 보았던 영화 〈덤보〉가 생각났다. 무거운 몸에 인기도 없었던 코끼리 덤보가 어느 날 날기 시작했다. 그는 큰 귀를 펄럭이며 날아올랐다. 하늘을 날아서 헤어진 엄마를 만날 수 있었고, 서커스 공연에는 하늘을 나는 코끼리를 보기 위하여 많은 관객이 찾아왔다. 코끼리가 날다니! 생쥐 티머시가 덤보의 귀에 마법의 깃털 두 개를 꽂아주던 장면이 생각난다. 덤보는 그때부터 날기 시작했다. 티머시가 말했다. "덤보야, 너는 곧 하늘을 날 수 있을 거야. 너의 큰 귀를 계속해서 펄럭거려 봐." 마법 깃털을 꽂은 덤보는 하늘을 나는 꿈을 이루기 위해 열심히 연습했다. 그런데 바람이 세차게 불던 날 그만 깃털을 잃어버렸다. 하지만 그동안 날아다니는 연습을 많이 했기에 자신감 있게 하늘을 날 수 있었다. 모든 기적이 처음부터 낌새를 보여주지는 않는다. 꿈이라는 씨앗을 배태하고 그것을 싹 틔워야 한다. 바람과 햇빛 속에 꽃을 피우고 열매를 맺으면 다시 씨앗이 생긴다. 그 씨앗을 창공에 뿌려라.

임진강을 건너고 청파동 언덕을 넘어 마두역까지 날아가자. 그리움의 씨앗들이 내 가슴에서 싹을 틔우고, 타이베이에서 홍콩을 지나 싱해까지 갔다가 다시 더 멀리 만리장성까지 날아보자. 연변의 두만강도 훨훨 날고 싶다. 내가 숨 쉬고 걸었던 그곳에서 나의 모습을 발견할지도 모른다. 그 순간 미래를 향한 무한한 가능성의 언어가 빛을 내며 타오르리라.

거인의 밥그릇

백발의 그녀가 앉아 있다. 졸업식장 젊은 학생들 사이에서 체구는 아담했으나 웃음은 화사하다. 당당하게 사회학 박사 학위 석에 앉아 있다. 파란색 학위 모자 사이로 삐져나온 백발의 머릿결이 보석처럼 반짝인다. 엷은 미소와 함께 잔주름마저 아름답다. 주변의 젊은 학생들이 다가와 셀카를 찍을 때 파안대소하는 모습이 나이의 경계가 없다. 무척이나 자연스럽게 어울린다.

    계속 축하를 받는다. TV와 신문의 보도진도 국내 최고령 박사 수여자인 그녀를 둘러싸고 있다. 교수님들도 그에게 악수를 청하며 포옹하는 모습이다. 그는 총장님 다음으로 단상에 올라 박사학위 수여 소감을 이야기하며, 사회학도의 눈으로 우리 사회가 어디로 가는지 앞으로 더욱 열심히 연구하겠다는 포부를 밝혔다. 박수 소리가 오래 계속되었다. 내 가슴이 뿌듯해진다. 그녀를 오랫동안 지켜보았기 때문일까. 나를 많이 격려해 주어 큰 힘이 된 순간이 떠올라 뭉클해진다.

"대단했습니다. 하지만 정말 귀찮은 학생이었습니다." 논문 지도교수의 말은 이어졌다. 그녀는 형식적으로 학위를 따려고 한 것이 아니었다. 90세가 넘어 논문을 쓰는 이 학생을 지도하기가 영 쉽지 않았고, 이 노년의 학생은 수업 시간에 열심히 반론을 제기하며 지도교수에게 싸움을 걸었다. 진실한 배움의 도전을 하였을 것이다. 학교 근처에 거처를 준비하여 수업을 준비하며 결석도 하지 않았고, 젊은 학생들과 소통하며 MT에도 참여하는 등 고정관념을 내려놓고 다가갔기 때문에 가능한 일이라는 것이다.

몇 년 전 그녀가 석사논문을 끝낸 것을 축하하기 위하여 조촐한 식사 모임을 가진 적이 있다. 나는 너무 무리하지 마시고, 건강 조심하시라고 말씀을 드렸다. 후배들도 이구동성으로 동조했다.

"하루하루가 배움의 연속인데 뭐 특별히 무리할 일이 있나? 배움도 버릇이야." 90세가 넘은 분이 '젊음'을 이야기했다. 오늘이 가장 젊은 날이라고. 본인보다도 우리에게 들려주듯이 조용히 말씀하시는데도 그 불길은 자꾸 번져나갔다. 마치 산불이라도 난 듯이 그 자리에 있던 모두의 가슴이 두근거리고 타올랐다. 저 불길은 무엇인가. 뜨거운 열정에서 나오는 생명력이 아닐까. 내 안에도 분명히 있을 그 불길의 씨를 나는 그날 가슴에 품고 돌아왔다. 그게 무엇을 태우고, 내 안에 잠재된 것들을 타오르게 할까. 그 불씨가 나의 영혼을 타오르게 할 것 같은 예감이 든다. 그것은 내 인생의 커다란 선물이었다.

그분 곁에서 리더십 훈련을 받았던 소중한 기억이 있다. 내가 오랫동안 활동했던 선교 모임의 책임을 맡은 후에 전임자이셨던 그분께 취임 인사를 갔다. 인자한 모습으로 나를 바라보시더니 이런 말씀을 하셨다. "밥을 많이 사세요."

사실 나는 '기도를 많이 하세요'라고 하실 거라 생각했다. 인사를 드리고 돌아서 나오면서 밥을 많이 사라는 말씀의 뜻이 잘 이해가 안 됐다. 무슨 의미인가? 그 물음에 대한 답은 단체를 끌어 나가며 자연히 깨우쳤다. 밥을 살 일이 많았다. 단체 일을 하다가 이쪽저쪽 이견이 생길 때 단체장으로서 내가 하는 일은 이쪽과 밥을 먹고, 저쪽과도 밥을 먹으며 서로의 마음을 조율하는 일이었다. 나는 깨달았다. '밥이 기도였구나, 밥이 사랑이었구나.' 그 가르침은 내 인생의 새로운 문을 여는 열쇠가 되었다. 굳게 닫혀 있던 문들을 그분이 건네준 열쇠로 열어, 먼지를 떨고 공기를 바꾸자 나아갈 길이 보이기 시작했다. 그들과 함께 앞으로 걸어나갈 수 있었다.

그분의 밥그릇은 커다랬다. 한국 사회에 끼친 영향력 또한 지대했다. 장학재단을 만들고 선교회를 세우고 교회를 짓고 기독교 통일학회를 세우고……. 하나의 일이 끝나면 또 하나의 일을 이어가며 사회에 봉사했던 그녀의 발자취를 생각해 본다. 아주 오랫동안 통일 구국기도회를 위하여 봉사하였다. '통일을 보기 전에는 눈을 감지 않겠노라'고 하셨던 말씀은 내 가슴에 깊게 새겨져 있다.

그러더니 어느 날 배움을 선언하였다. 나이 90세가 가까워서였다. 나이가 상관없다고? 누군가가 말했다. 벤저민 버튼 아냐? 그녀의 시계가 거꾸로 가고 있는 것 같다는 말에 나도 고개를 끄덕였다. 거꾸로 가는 시계. 아마도 그런 기적은 자기 인생을 향한 치열한 도전과 끝없는 담금질로 연마된 겸손함이 주는 선물일 것이다. 모든 것을 내려놓을 때 가능하다. 자신의 나이도 새롭게 창조할 수 있고, 자신이 나이를 만들어 갈 수 있다는 의미가 아닐까.

그녀가 식장 앞에 서 있다. 92세라는 게 도대체 실감이 안 난다. 눈빛이 형형하고 미소는 부드러운데, 꼿꼿이 서 있다. 손을 잡아주는데 그 힘이 강한 설득력으로 흘러넘친다. 분홍과 보랏빛 꽃이 예쁘게 묶인 꽃다발을 가슴에 안겨드렸다.

"축하드려요."

"논문에서 이야기하지 못한 것을 이제 책으로 쓸 거야."

그리고 1년 뒤, 나는 그녀의 책을 선물 받았다.

바다의 신호

강릉역에 도착했다. 역 안팎은 태풍으로 어수선했고, 도로는 바다로부터 밀려 들어온 흙더미로 지저분하였다. 군데군데 물에 잠겨 다닐 수가 없는 상황이었다. 주문진에 가야 하는데 차편을 어떡해야 할지 몰라 두리번거렸다. 이찌니. 비스 노선도 폐쇄되었고, 주문진항까지 갈 길이 너무 아득했다. 방법이 떠오르지 않아 막연하게 동해를 바라보았다.

어느 날부터인가 일상이 무기력해지고 지쳤다는 신호가 나의 등을 자주 두들겼다. '상비야! 떠나자!' 내 안의 '나'가 목소리를 내어 등을 밀었다. 나는 지쳤다는 것을 알게 되면 모든 것이 멈춰진다. 일상이 멈춘다. 떠날 생각만 든다. 얼른 바다로 가야지. 나를 위로해주려고 묵묵히 기다려주는 바다. 내가 힘들

때마다 가는 곳은 항상 바다였다.

그날은 여름 태풍이 동해안을 강타했던 다음이었다. 상황이 그토록 심각한데, 가지 말아야겠다는 생각조차 들지 않았다. 남들이 보면 무슨 짓이냐고 할 수도 있겠지만, 나는 양 눈을 가린 말처럼 앞만 보고 떠났다. 오로지 바다로 가야 한다는 마음이 안타까울 만큼 절실했다. 그동안 열심히 산다는 미명 아래 나를 돌아보지 못했다. 온몸과 마음이 지쳐 떨어질 때까지…….

그런 마음으로 떠난 길이었다. 그런데 출발부터 쉽지 않았다. 강릉을 향해가던 KTX가 중간역에서 멈추어서, 평창역에서 하차한 뒤 다시 버스로 강릉역을 가야 했다. KTX 정류장들이 지난밤 태풍과 폭우로 물에 잠겼다는 것이다. 폭우의 뒤끝에 내리는 부슬비를 맞으며 강릉역에 도착하니 주문진항으로 떠나는 모든 차편이 두절이었다. 을씨년스러운 강릉역 대합실에서 나는 거리를 바라보며 그냥 서울로 돌아갈까 생각했다. 그러나 내 마음은 반대의 깃발을 들었다. '상비야. 가야지.'

택시를 타고 주문진으로 향했다. 모든 도로가 단절되어 고속도로로 가야 한다는 기사의 말에도 나는 멈추지 않았다. 급한 공무로 출장 나온 공무원처럼 비장하게 고속도로를 달렸다. 기사도 나도 말없이……. 고속도로도 부분 부분이 물에 잠겨 있었다. 순간 정신이 들었다. 갑자기 공포감이 밀려왔다. 태풍이 남긴 바람에 내가 날아가 버릴 것만 같았다. 차라리 날아가 버릴까. 왜 이렇게까지 집착하는 거야. 도대체 포기를 못 하고. 그깟 바다가 뭐라고.

결국 주문진항에 도착했다. 창밖을 보니 동해 앞바다가 보이고, 비가 내리고 있었다. 우울하고 막연한 바닷가 풍경. 한참을 그렇게 서서 바라보았다. 일산에서 왔는데 주문진항이 보였다. 무언가 환상적인 바다가 나를 안아줄 것 같았는데, 나의 지친 삶이 그곳에서도 보였다. 배들도 지쳐 보였다. 아니 배들은 지친 내 마음과 상관없이 싱싱했다. 어획하고 돌아오는 배들이 항구에 가득 찼다. 사람들이 분주하게 움직였다. 주문진 항구는 생각보다 아름답고 아늑하지 않았다. 시끌시끌하고 번잡했다. 배들이 꽉 찬 주문진 앞바다는 바로 '삶'이었다. 생선을 건져 올리는 생명의 항구. 거기에는 생명력이 넘쳐흘렀다. 그런데도 내 눈에는 그런 풍경이 쓸쓸하게 다가왔다.

11층 숙소에서 주문진항을 여행 내내 내려다보았다. 지쳐서 잠깐 침대에 누웠다가 잠이 들고 다시 창가에 앉아서 바다를 바라보았다. 주문진 바다가 나를 숨 쉬게 했다. 어느 순간 주문진항의 저 너머에 바다가 보였다. 아주 넓은 바다였다. 다른 바다들은 사진처럼 아름다운 일몰이 있었는데, 주문진 앞바다는 그것과는 또 다른 매력이 있는 넓은 바다였다. 힘든 삶을 보듬는 따뜻함이 있었다. 힘들 때마다 안기고 싶었던 엄마의 가슴 같았다. 시간이 흐르면서 주문진 바다가 나를 숨 쉬게 했다. 바라보고 있으니, 마음이 편안해졌다.

번역 원고를 마무리 짓느라고 며칠 밤을 지새운 터다. 엎친 데 덮친 격으로 미국에서 잠시 다니러 온 딸의 출국을 돕느라 피로가 누적됐다. 힘든 것을 제어하고 잠시 멈추는 것을 못 하는 나의 DNA는 완전히 고장이 나야 멈춰 선다. 힘든 것보다 딸이 떠난 다음의 외로움이 더 컸나 보다. 나는 외로움을 견디지 못해 떠나는지도 모른다. 떠난 길 위에 마음에 깊이 가라앉은 응어리를 던져버리려고.

그날 주문진 앞 바다에서 엄마의 가슴 같은 따뜻함을 만났다. 딸이 그리워 떠난 발걸음에 엄마를 만났다. 엄마의 자궁 속으로 편안하게 자리 잡고 누었다. 바닷물은 조용히 흘렀다. 잔물결이 내 가슴을 어루만지듯 마음의 위로와 치유가 일어났다. 엄마 자궁 속의 편안함에 몸을 맡기고 엄마의 젖무덤에 나를 뉘었다. 깊은 잠을 잘 수가 있었다. 자다가 일어나 창가 저편의 주문진 바다를 바라보다가 또 잠이 들었다.

물이 강물이 되고 바다를 이룬다. 가득한 긴 강줄기는 생명의 젖줄이고, 물은 생명을 낳고, 물은 위로와 치유 그리고 회복으로 이어진다. 태아가 양수 속에서 부유하듯, 인간 생명의 최초 경험은 물에서 이루어진다. 그래서일까. 주문진 바다에서 나는 편안함과 자유를 느끼게 되었나 보다. 바다를 바라보는 시간은 엄마의 자궁 속처럼 편안했다. 바다의 전설은 엄마의 젖무덤이었다. 잠을 많이 자서인지 떠나간 딸의 모습도 희미해지고, 지친 육체도 기지개를 켰다. 살포시 생체 세포들이 살아나고 있었다.

떠나는 날 아침에 주문진항의 오징어 축제를 구경했다. 11층 숙소에서 바라보던 것보다 더 생기가 있는 항구의 모습이었다. 사람들 사이를 비집고 앉아 오징어 회를 먹고, 사람들 속을 걸으며 나는 내가 살아왔던 그곳으로 가고 싶어졌다. 불현듯 도망쳐 왔던 그곳의 풍경이 점점 궁금해졌다. 이제 다시 그곳으로 돌아가야 한다. 주문진에서 일산으로 돌아가야 한다. 잠깐이었지만 일생이 지나간 것 같았다. 일생도 순간일 수 있다는 것을 바다가 들려주었다. 나는 알 수 없지만, 그 말을 품고 집으로 가는 버스에 올라탔다.

내려오는 길

4층으로 이사를 내려왔다.

그동안 11층에 살았다. 가리는 것이 없어 창은 온통 하늘이었다. 맑은 날은 거실 창으로 초승달과 별을 볼 수 있었다. 종일 빗방울이 창가의 유리문을 두드리는 소리를 들을 수 있고, 눈이 내리는 날은 전망 좋은 카페가 부럽지 않았다.

그런데 4층은 달랐다. 창밖으로 큰길이 훤히 보이고 시끄러웠다. 이사하고 일주일 정도 지났을까. 느지막이 일어나 차를 마시려고 주방으로 갔다. 커피포트에 물이 끓기 시작하였다. 문득 눈에 들어온 장면이 있었다. 주방 창 너머로 보이는 대로변에 차들이 꼼짝 못 하고 있었다. 아! 차들이 저렇게 많구나. 어디로 가는 걸까? 내려오니 별것이 다 보이는군. 빨간 신호로 바꿔자마자 차들이 금세 사라져 버렸다. 움직이고 사라지고 멈추는 차량 행렬을 보며 이상하게 삶의 열기가 느껴졌다. '열심히들 살고 있구나.'

　퇴직한 지 1년이 되어간다. 이제 출근길의 허둥거림은 내 손에서 모래처럼 빠져나가 버렸다. 후련할 줄만 알았는데 마음 한 구석에 대해 알지 못하는 감정이 고개를 내밀었다. 괜히 쓸쓸한 기분이 가끔 들곤 했다. 아침에는 늦은 기상을 하고 맨손체조도 하며 한가한 시간을 즐기기도 하지만, 가끔 우울함이 다가올 때가 있다. 여유로움이라는 동전의 뒷면이다. 그런 날, 나는 주방 창가로 간다. 움직이는 도로의 차들을 보고 있자면, 삶의 열기가 몸과 마음속에 돋아나는 것을 느낀다.

　어느 날, 차 한 잔을 다 마실 무렵 거실 블라인드를 더 높이 올렸다. 햇빛이 쨍 하고 들어온다. 옆 동 아파트 끝쯤 땅 한 뙈기만큼의 하늘을 바라본다. 오늘도 '날씨는 맑음'이구나. 대로변을 지나는 한 무리 소년들의 모습이 보인다. 체육 시간이 끝났는지 야구 방망이를 걸머메고 글러브를 낀 손으로 연신 야구공을 가지고 놀면서 어딘가로 걸어간다. 떠드는 소리와 더불어 야구 모자를 쓴 한 소년의 발그스름한 얼굴이 눈에 보인다. 소파에 앉아 있다가 거실 창가로 급히 다가간다. 소리를 듣고 싶어서. 아이들이 같이 야구하자고 부르면 바로 뛰어나갈 태세이다. 이게 뭐지? 왜 이래. 나는 그때 왜 그런 감정이 들었을까. 지금 생각해 보면 삶의 구석에서 태양이 내리쬐는 넓은 들판으로 나온 기분이었다.

아파트 화단의 푸르른 잎사귀들이 4층까지 불쑥불쑥 올라와 나에게 인사를 한다. 창가에서 1층 화단을 보니, 연두색과 짙은 녹색 잎들의 향연이다. 사이에는 맥문동의 보라색이 보인다. 불현듯 1층 화단이 궁금해서 엘리베이터를 타고 내려갔다. 위에서는 무성한 녹색만 보였는데, 녹색만이 아닌 다양한 색깔들로 화려하다. 봉숭아꽃, 나팔꽃, 해바라기, 덩굴장미, 네잎클로버도 보였다. 누가 가꾸었는지 화초들이 흐드러지게 피어 있었다. 위에서 내려다보았을 때와 비할 바 없이 아름다웠다.

'내려온다'는 이토록 아름다운 말이다. 처음 알았다. 나는 내려왔다. 11층에서만 내려온 것이 아니라 이 세상의 모든 것으로부터 내려와 4층에 자리 잡았다. 퇴직을 하고, 남편은 저세상으로 떠났고, 아이들도 파랑새처럼 날아갔다. 왠지 애상적이지만 막상 내려와 보니 그다지 그렇지도 않다. 생각보다 은퇴 후의 생활이 활기차다.

시간만 나면 1층 화단에 내려가 꽃과 나무들을 본다. 손가락으로 흙을 들추어내며 풀을 뽑기도 한다. 땅 위를 기어 다니는 지렁이가 보인다. 미끈거리는 긴 몸을 꿈틀거리며 기어가는 모습을 한참을 바라본다. 땅을 지켜주니 고맙다. 시선을 내리니, 안 보이던 것들이 보인다. 사람이 보이고 자연이 느껴진다. 4층으로 내려온 후에 나는 이렇게 지낸다. 사람에게 더 가깝게, 땅에 더 가깝게…….

4층 창가에서 거리를 다니는 사람들과 땅 위에서 자라고 있는 나무와 꽃과 벌레들의 모습을 바라보는 것이 은퇴 후에 받은 선물 같다. 4층은 다른 층과는 다른 좋은 점이 있다. 사실 사람들은 '4'라는 숫자를 싫어한다. 미신 때문이다. 죽음과 관련 있는 '사死'와 발음이 같아서이다. 그러나 우주의 원리를 설명할 때 최초의 입체는 4에서 비롯되었다고 한다. 특히 중국에서는 '4'라는 숫자가 정사각형으로 상징되는 대지를 의미하고 있다. 땅에 가까워서일까. 4층에서의 생활은 왠지 심리적으로 편안함이 느껴진다.

오늘도 변함없이 연극 장면이 바뀌듯이 들려오는 삶의 소리와 자연의 음향을 듣는다. 사람들의 발소리, 흥얼거리는 콧노래 소리, 자동차 소리, 그리고 꽃들이 피어나는 소리, 벌레들이 기어다니는 소리가 들려온다. 그 소리가 좋다. 시끄럽지 않다.

문득 예전에 읽은 사진작가 미나고시 요세이의 글 한 대목이 생각났다.

위에서 내려다보는 시선을 거두고 때로 바닥에 납작 엎드려 본다. 자세가 흉해서 그렇지 시선을 낮추면 다른 세계가 보이기 시작한다.

- 『어느 언론인의 작문 노트』, 다쓰오 가즈오, 윤은혜 옮김, 지식노마드, 2020, 237쪽.

4층으로 이사를 오면서 내 시선도 내려왔다. 위에서 내려다 볼 때보다 많이 보고 세세히 느낀다. 새로운 삶이 시작되었다. 4층 창가에서 나는 날로 새로워지고 있다.

울지 못하는 병

 둘째딸이 출국하는 날이다. 몸이 건강하지 않아 걱정이 되었다. 딸이 출국장으로 들어서는 것을 한참 바라보다가 뒤돌아 나왔다. 아직 유학생활이 안정되지 않아서, 이것저것 걱정하는 그녀의 얼굴빛은 밝지 않았나.

 지난해 딸이 출국하는 날도 그랬다. 몸과 마음이 후들후들 떨렸다. 처음 가는 유학길이라 짐도 많아서 체구가 작은 딸아이가 유독 힘들어 보였다. 출국장 앞에서 딸과 헤어지고도 공항을 떠나지 못했다. 비행기 출발 시간까지 공항 벤치에 앉아 있었다. 한참 후에 공항버스를 타고 집으로 가다가 신촌역에서 내렸다. 밤이 늦도록 신촌 일대를 헤맸던 기억이 난다. 구두에 먼지가 뽀얗게 쌓이도록. 늦은 시간에 집에 도착해서도 마음이 안정이 안 되어 잠을 이루지 못했다.

　오늘은 그렇게 하지 않으리라. 밀린 일들이 쌓여 있으니 집에 도착하여 할 일을 해야겠다. 정신을 차리자. 이렇게 마음을 토닥이며 집에 도착하였다. 내일 아침이면 잘 도착했다는 연락이 올 것이니, 아무 걱정 말자. 그렇게 마음을 달래서일까, 잠이 살며시 왔다. 그런데 그렇게 설핏 들었던 잠에서 깨어나고부터 모든 것이 달라졌다. 마음이 썰렁했다. 외롭다고 느끼지도 않았는데, 외로움이 밀려왔다. 그렇게 먼 땅으로 유학 보낸 자체가 후회되기도 했다. 큰딸을 결혼시키고 오랫동안 둘이서만 지내서일까? 둘째딸과 헤어질 때는 항상 힘이 들었다.

　생각해 보니 하루 종일 식사다운 식사를 못했다. 식사를 하고 나면 좀 마음이 가라앉지 않을까 하는 기대로 냉장고에서 밥과 반찬을 꺼내어 식탁에 늘어놓았다. 나는 마음속으로 이야기하고 있었다. '나는 외롭지 않아. 나는 혼자가 아니라고. 잘 도착할 거야.' 조금 있다가 다시 냉장고 문을 열었다. 배는 이미 불렀는데, 비어버린 내 가슴이 무언가 먹을 것을 찾고 있었다. 밤새 그랬던 것 같다. 그리고 다음 날에 위에 탈이 났다. 그 병은 오래 계속되었다. 위병이 낫지 않아 평소 잘 다니는 한의원을 찾아 갔다. 의사 선생님은 진맥도 하고 나에게 이것저것 물어 보았다. "왜 외로운 것을 인정하지 않으세요? 그리고 울고 싶을 때 우세요. 그것이 건강에 좋아요." 선생님은 차근차근 나에게 설명하셨다. 사람의 신체에 있는 기관 중에서 관계중추 옆에 식욕중추가 있는데, 관계중추가 무너지니 식욕중추가 붕괴되어서 일어난 현상이라는 것이다. 외로우면 누군가를 찾아가 호소하거나, 외로움을 해소할 즐거운 일을 찾는 것도 좋은 방법이라고 충고하셨다. 진료를 끝내고 나오는데 의사선생님은 또 한마디 하셨다.

"집에 가시는 길에 말랑말랑한 예쁜 인형 하나 사세요."

깜짝 놀랐다. 이 무슨 뚱딴지같은 주문인가? 약간 수치스럽기도 했다. 그 생각, 수치스럽다고 느낀 인형 사건은 밤이 늦은 시간쯤에 풀렸다. 내 가슴이 딱딱한 것을 알게 되었다. 그래서 나에게는 말랑말랑한 그 무엇이 필요한 것이었다. 의사선생님의 처방이 맞다. 선생님의 또 한 가지 처방은 울고 싶을 때 울라는 것이었다. 그러고 보니까 차라리 공항에서 도착했을 때, 다리를 뻗고 울었어야 했다. 목 놓아 울었으면 좋았을 것이다. 나는 외롭다고, 집을 떠난 딸년의 불안이 힘들다고, 한바탕 울었다면 위염으로 이렇게 고생하지 않았으련만.

어렸을 때의 기억이다. 무슨 연유인지는 모르겠는데, 오빠와 언니가 나를 놀렸다. 너무나 서운해 엄마 앞에서 다리 뻗고 소리 내어 울었다. 물론 엄마가 내 등을 두드리며 달래주었지만, 울고 나서 그런지 속이 시원하고 마음이 풀렸다. 생각해 보면, 나는 울지 못하는 사람이 아니다. 나는 울 줄 아는 사람이다. 명작들을 감동하며 읽을 때, 기도할 때, 나는 눈물을 철철 잘도 흘렸다. 그런데 이상하게도 내 삶을 살아가면서는 눈물을 흘리지 않았다. 특히 견딜 수 없거나 힘든 일을 만나면 울지 않는다. 눈물이 나를 삼킬 것 같아서다.

  남편이 가고 혼자가 되었을 때 두 아이가 내 앞에 있었다. 죽은 사람을 곱씹는 것은 아무 짝에 쓸데가 없었다. 이 아이들을 어떻게 할 것인가? 눈물도 흐르지 않았다. 아빠가 돌아가시고 나서 두 아이는 나만 바라보고 있었다. 내가 항상 웃으니 두 아이도 웃었다. 그때부터였던 것 같다. 나는 울면 안 되는 것이었다. 울음을 잊어버렸다. 울면 안 된다는, 내가 찍은 낙인이 꽈악 가슴에 찍혀 그냥 세포가 되었나 보다. 내 몸과 마음이 울음을 거부했다. 이 낙인은 천년만년 계속될 것 같았.

  그러나 이젠 울고 싶다. 가슴을 열고 울고 싶다. 내 가슴속 깊은 곳에 있는 울음을 꺼내 울고 싶다. 내 가슴이 말랑말랑해질 때까지 말이다. 옛날처럼 다리를 뻗고 소리 내어 울고 싶다. 실컷 울고 나면 고통이 눈 녹듯이 사라졌다. 어느 시인은 이야기했다. 눈물 속에 무지개가 떠오른다고. 희망이라는 무지개가 보이는 것이다. 눈물은 보석이라고도 했다.

  천년만년 지워지지 않을 것 같던 낙인을 이제 나는 지워버리려 한다. 나는 내내 그리워하고 자주 울 것이다. 딸이 보고 싶어 우는 것이 무슨 흉인가. 자연스러운 일이다. 자연스러운 것만큼 아름다운 것이 어디 있으랴.

꺾이지 않는 마음

 나는 철없는 사람이다. 철이 없는 탓에 중요한 세상일을 잊기도 하고 쓸모없는 일들을 잊지 못한 채로 산다. 그 나이에 소녀처럼 뭘 그러냐고 할 수도 있는데 나는 아파트 창가에서 내다본 나뭇가지에 달린 감 하나에도 정신을 잃는다. 가을 정취에 흠뻑 젖어 한참동안 꼼짝도 하지 못했다.
 어느 날은 아파트 관리인이 사다리를 놓고 나무에 올라가 감을 따려는 장면을 보게 되었다. 나는 대뜸 "이 가을에 감나무가 한 폭의 그림 같은데 왜 따요?" 하고 항의를 했다. 관리인은 익은 감이 떨어지기라도 하면 지나다니는 사람들이 불편하지 않겠냐고 했다. 어이없다는 표정이다. 집안에서 아무렇게나 걸치고 나온 이 아주머니가 도대체 무슨 말을 하는 건가 싶은 그런 얼굴로 뚱하니 쳐다보더니 남은 가지마저 모두 자르고 가버렸다. 기가 막혔다. 집으로 올라와서 찬 물을 한 잔 다 들이켰다. 내 마음이 몽땅 잘린 기분이 들었다.

창밖을 내다보니 좀 전의 그림 같은 풍경이 모두 사라져버렸다. 이제, 풍경은 없다. 마지막 잎새처럼 나를 위로해 주던 것이 었는데……. 문득 나도 이렇게 세상에서 사라질 수도 있겠구나 하는 생각이 들었다. 사라진다는 것. 이제 더 이상 이 세상에 존재하지 않는다는 걸 생각하는 순간, 내 안에서 뜨거운 기운이 훅 올라왔다. '아니야, 이대로 사라질 순 없지.'

나는 '사라진다'는 말 대신 '존재한다'는 말을 잡아챘다. 남아 있는 날이 얼마나 되든지 간에 나는 철없이 살 것이다. 나에게 철없이 산다는 건 '젊음'을 의미한다. 젊음이란 뜨거운 열정과 무모한 도전 정신 같은 것이다. 하지만 뒤돌아보면 나이 젊은 시절에는 그런 건 생각만 있을 뿐 실천하지 못했다. 모조리 모색의 시간이었다.

인생에는 총량의 법칙이 있다는데, 바로 지금이 총량을 채울 시간이다. 나는 그 시간을 내가 제일 좋아하는 '글'로 채우고 싶다. 글을 쓸 때가 제일 행복하므로. 허나 잘 쓰고 싶은 마음은 없다. 내 안의 나를 표현하고 싶을 뿐이다. 종종 나는 놀란다. 글 안에서 튀어나오는 '낯선 나'가 못났지만 마음에 든다. 못났어도 이제는 그런 모습조차 소중하고 나 자신을 인정한다. 나는 무엇이든 잘 참는 편이다. 그러면서 항상 속으로 '너는 왜 그렇게 참니?'하며 속상해했다. 요즘은 참는 내 모습조차 기특하고 감사하다는 생각이 든다. 나이가 든 덕이다.

나에게 나이란 어떤 의미일까. 은퇴한 후에도 나이를 의식하지 않았다. 열심히 살고 싶은 열정만 타오르고 있었다. 그나마 다행이다. 은퇴라는 시간이 씁쓸한 고갯길인데, 덕분에 잘도 넘어왔다.

그런데 요즘 주위 친구들이 자꾸 아프다. 그러면서 내 나이가 몇 살인가를 생각한다. 입담 좋은 친구가 "70세가 되면 아무리 성형을 하고 다이어트를 해도 어쩔 수 없는 노인이야."라고 한다. 저 바다를 건너기 싫다. 소문에 의하면 그곳은 치매가 있고 외로움이 있다는데. 그곳이 정말 가기 싫다. 고작 일 년 차이지만 69세라는 지금 내 나이를 꼭 붙들고 싶다.

여러 친구들이 아프다. 산행을 좋아하던 Y는 설악산 대청봉 등산 중에 발목이 다쳐 입원 중이고, 또 한 친구는 맹장염이 걸려서 119를 타고 응급실로 가야 했고, K는 머리가 아파서 CT 검사를 했다가 뇌동맥류 수술을 받았다. 모두 69세이다.

친구들 병문안을 다녀오다가 울적해졌다. 그들을 보며 이제

늙었다는 사실을 거부할 수가 없게 되었다. 아무리 철이 없는 나일지라도 늙어감을 부인할 수가 없게 되었다.

그러다가 나도 그해 가을, 한 달 보름 침상에 누워서 물리 치료를 받는 신세가 되었다. 서재의 책꽂이 위에 있던 메모함을 내리다가 허리를 다친 탓이다. 메모함의 자료들은 십여 년 동안 모은 것들이었다. 독서, 여행 등에서 메모한 것들을 책꽂이 위에 두었는데, 밑에 둥근 의자를 놓고 올라서서 메모함을 잡는 순간 무겁다고 느꼈다. 그리고 그 메모함과 더불어 방바닥에 팽개쳐졌다. 머리를 다쳤을까봐 걱정하며 한참을 누워 있었다. 119를 불러야 하나? 다행히 그날 밤은 괜찮았다. 다음 날 아침부터 허리의 통증이 시작되었다.

병원에 가려고 옆 동네에 사는 친구에게 연락하였다. 전화를 받자 부리나케 달려온 친구는 내 모양새를 보고 어이없어 했다.

"꼭 이렇게 노인네가 되어야겠어?"

"누군 되고 싶냐?"

그해 가을, 나는 많은 시간을 누워 있었다. 창밖의 푸르른 나무들이 노랗고 붉게 물들며, 낙엽이 되어 우수수 떨어지는 것을 보았다. 타의에 의하여 바쁘게 걷던 걸음을 멈추게 되었다. 멈춤의 시간이었다. 그 멈춤으로 인하여 많은 것을 생각하게 되었

다. "내려갈 때 보았네, 올라갈 때 못 본 그 꽃." 고은 시인의 시 구절처럼 올라갈 때 보이지 않던 것들이 멈추고 내려오면서.

새해 벽두에 친구들과 함께 자주 찾던 마시안 해변 카페를 찾았다. 마시안 노을이 환상적이어서 가끔 친구들과 찾아가곤 하던 곳이었다. 친구가 예쁜 케이크와 69라는 숫자 촛불을 준비해 왔다. 케이크에 초를 꽂고 핸드폰으로 생일 축하 노래를 틀었다. 그러더니 친구가 일어나서 살랑살랑 춤을 추었다. 몸매가 날씬해서인지, 손주가 있는 할머니인데도 50대 주부 같았다. 우리들도 앉은 채 친구의 춤사위에 박수로 장단을 맞추고 있었다.

옆 테이블의 젊은이들이 우리를 보더니 같이 손뼉을 쳐주었다. 다른 테이블에서도 우리를 향하여 엄지를 척 올려주었다. 우리의 나이를 축복해주는 듯했다. "지금까지 고생했느데, 이제 우린 행복해야 해." 기분 좋은 69세의 시작이었다.

석양은 무의도와 실미도 사이를 서성이더니 조름 섬 쪽으로 옮겨갔다. 아름다운 노을 풍경이었다. 바닷가는 석양빛이 비추며 잔물결이 일었다. 노을이 아름다운 까닭은 아직 우리에게 세월이 남아 있다는 의미이다.

그날의 절실함으로

은퇴를 앞두고 조그만 모임이 있었다. 각기 전공이 다른 분들과 함께하는 자리였다. 모임의 어느 분이 모두에게 물어보았다. '은퇴 후에 하고 싶은 일이 무엇인가?' 한참 후에야 어떤 분이 자신은 은퇴 후에 트럼펫 연주를 하고 싶다고 했다. 그러더니 다른 분들도 줄줄이 자기 의견을 피력했다. 어떤 분은 야생화를 재배하고 싶다고도 했다. 자신의 전공과는 관계가 없는 일들이었다. 모두 못 이룬 꿈에 대한 것이었다. 이제 인생 중반까지의 직업적 소명의 길은 끝나가고 있었다. 그러면 어린 시절에 꿈꾸었으나 아직 이루지 못하고 가슴에 남아 있는 그것은 무엇일까? 나에게도 어린 시절부터 가지고 있던 꿈이 있었다. 그것은 작가가 되는 것이었다.

나는 수필이라는 문학 장르에 관심이 있었다. 어느 수필가가 이야기하였던 "수필은 나를 그리는 그림"이라는 말이 인상 깊었다. 나는 누구인가? 지난 시간 속의 나에 대하여 해부하고 재조명했다. 그리고 다시 나는 어디로 가고 있는가를 물어보기도 했다. 그러면서 늦은 나이에도 삶의 희망을 꿈꾸었다. 수필을 쓰는 것은 나를 향한 성찰의 시간이 되었다.

수필을 쓰기 시작했다. 그러던 어느 날 수필을 쓰는 것이 힘들게 느껴졌다. 그 힘듦의 정체가 무엇일까? 곰곰이 더듬어보니 잘 쓰고 싶은 욕망 때문이었다. 욕심이라는 것이 생기면 마음이 괴롭게 된다. 처음에 수필을 쓸 때보다 갈수록 문장을 조탁彫琢하는 데 정력을 쏟았다. 어떻게 하면 아름다운 문장을 완결할지 그것이 내 붓의 방향이었다. 작품의 메시지보다 겉모양인 형식과 문체에 힘들이하고 있었다.

어느 날 주일예배를 끝내고 집으로 돌아오고 있었다. 집으로 가는 길이 아니라, 아파트 뒤쪽의 숲길을 걸었다. 푸른 녹음 아래로 새 소리가 지저귀고 가슴에는 예배에서 간직한 하나님의 은혜가 가득 차 있었다. 기쁨이 차올랐다. 하나님께 내 고민을 말했던 기억이 난다. 당시에 고민이 되었던 난제는 수필을 계속 써야 하는가의 문제였다. 겉만 번지르르하게 써대는 나의 수필이 걱정되었다. 그런데 문득 떠오르는 생각이 있었다. 언젠가 내가 진정 수필을 써야 하는 절실함이 있었던 기억이 났다. 그것은 내가 수필을 쓰게 된 커다란 동기이기도 했다. 집으로 부랴부랴 돌아와 그때의 일기장을 뒤적였다.

　은퇴 무렵의 일기였다. 남편이 10년여를 투병할 때 남편의 간병만큼 힘들었던 것이 어린 두 딸의 장래였다. 두 딸이 학업을 제대로 마칠지, 인생길을 제대로 걸어갈 수 있을지 걱정이 되었다. 아버지를 간병하는 동안 아이들이 많이 힘들었기 때문이다. 뿌옇게 안개가 낀 들판을 걷는 것 같았다. 그 후에 남편은 10년여의 투병을 접고 편안하게 하늘나라로 갔고, 두 딸도 무사히 학업을 마치고 첫째에 이어 둘째까지도 좋은 배우자를 만나 화목한 가정을 이루었다. 너무 감사한 일이었다. 그 엉망진창인 인생 여정 속에서 하나님이 함께하셨기에 내 삶의 질서가 회복되었다.

　그때 하루도 빠짐없이 새벽길을 걸어서 교회에 갔다. 천성이 나약해서 이리 쓰러지고 저리 쓰러지는 체질인데 갈 곳 없는 마음을 하나님께 의지했다. 은퇴를 맞이하면서 뒤를 돌아보면 그저 하나님께 감사할 뿐이다. 그러면 내가 하나님께 해드릴 수 있는 것이 무엇인가? 내가 좋아하는 글쓰기를 통하여 하나님의 사랑을 전하리라. 일기장에는 수필을 통하여 글을 쓰는 방법을 터득하고 하나님께 묵상집을 봉헌하리라는 다짐이 적혀 있었다. 하나님의 사랑을 기록하는데 무슨 기술이 필요하겠는가? 무슨 장식이 필요하겠는가? 하나님이 나를 얼마나 사랑하였는가만 보이면 되는 것이다. 새로운 목표로 방향을 바꾸고 나니 가슴이 다시 새롭게 희망이 솟았다. 글을 쓰는 괴로움도 사라졌다. 괴로움의 정체인 욕심을 버리니 글이 잘 써졌다. 잘 쓰려고 애쓰지도 않았다. 욕망과 힘이 빠진 글을 쓰리라. 하나님의 사랑만 오롯이 나타난 글을 쓰고 싶다. 그 길을 향하여 다시 정진하리라.

외로움의 경계선

날씨가 화창하면 마음이 안정이 안 된다. 왜 그럴까. 내 마음은 그 속에 무엇이 있는지 보여주지 않고 있다. 밀린 원고 걱정에 불편한가. 바라보고 있던 노트북을 닫고 밖으로 나간다.

엘리베이터에서 만난 개구쟁이 형제들이 꼭 내 손주들처럼 보인다. 키도 목소리도 고만고만한 게 연년생이 틀림없다. 녀석들을 보자마자 내 가슴이 쿵 하고 내려앉았다. 둘 다 야구 모자를 쓰고 있었다. 지방에 사는 손주들에게 하늘색, 분홍색 야구 모자를 사서 보낸 게 몇 주 전이다. 형제들의 엄마가 나를 유심히 쳐다보는 시선이 느껴진다.

"우리 손주들과 닮았어요." 그제야 젊은 엄마 얼굴이 밝아졌다. 두 소년의 개구진 모습이 어찌나 귀여운지 볼을 꼬집어주고 싶었지만 참아야 했다. "아무리 귀여워도 절대 아이들을 만지지는 마세요. 요즘 젊은 엄마들은 자기 아이를 다른 사람이 특히 나이든 할머니들이 스스럼없이 만지는 것을 싫어해요." 딸이 내게 당부한 말이다. 참기를 잘했다고 생각했다. 쳐다보는 것만으로도 저리 신경을 쓰는데 만졌으면 어땠을까? 두 소년과 젊은 엄마가 역 쪽으로 사라지는 것을 바라보며 공원 벤치에 앉았다.

사람들이 바쁘게 공원길을 오갔다. 초등학생들의 하교 시간인지 학부모들이 하나둘 모여들었다. 저마다 자기 아이를 만나서 즐겁게 웃으며 손을 잡고 집으로 가는 모습을 바라보고 있었다. 어느 여자 어린이는 엄마가 마중을 안 나왔나 보다. 자전거를 끌고 가면서 분홍 배낭을 어깨에 메다가 떨어뜨렸다. 외손녀도 분홍 배낭을 어깨에 메고 다녔던 기억이 나서, 벌떡 일어나 배낭을 주워주려는데 아이가 말했다. "왜 그러시는데요?" 소녀의 눈동자가 당돌했다. 뭔가 의심하는 눈초리였다. 아! 주책없이 또 경거망동했구나. 아이는 뒤도 돌아보지 않고 배낭을 메고 멀어져갔다. 그 모습을 바라보는데 손녀에 대한 그리운 마음이 깨진 기분이 들었다. 나는 손주가 있는 할머니다. 모든 아이들이 손주처럼 느껴진다. 그러나 이제 세상은 허락하지 않는다. 선한 마음이 세상에 설 자리가 줄어든 게 실감이 난다. 외롭다.

세상을 바라보던 마음의 렌즈를 나를 향해 돌렸다. 벤치에 홀로 앉아 있는 나이든 여자의 가슴에서 외로움이 뚝뚝 떨어지고 있었다. 후줄근한 운동복이 더 초라해 보이게 한다. '당신은 외롭군요.' 냉정하게 나를 진단했다. 지나가는 어린이마다 치근덕거리는 외로움에 찌든 노인네. 정신이 번쩍 들어 부리나케 집으로 돌아왔다. 오늘은 외로움이 조금 이르게 왔다. 예전에는 어둑어둑 어두워질 때 외로워졌다. 어둠이 아파트 계단에 스멀스멀 기어 올라오면 마음이 착 가라앉았다. 그럴 때마다 배낭을 메고 호수공원으로 떠났다. 오늘은 좀 이른 시간이지만 떠나기로 했다.

어둠이 천천히 내려앉기 시작하는 호수공원 길에 접어든다. 초록잎은 어둠에 물들어 빛을 잃었지만, 그 냄새는 여전히 신선하다. 초록의 산소가 내 머리를 점령하고 모세혈관을 따라 퍼져간다. 세포 하나하나가 살아나는 느낌이다. 육교 위에 올라서니 서쪽 하늘가가 노을의 잔영으로 붉은 바다가 되었다. 해가 진 다음의 잔영이 저토록 아름답다니. 사라져가는 붉은빛은 어두운 숲속으로 아스라이 스며들어 그림자처럼 잠겨 있다. 호수 위로 남은 빛이 몸부림치며 스쳐 지나간다. 이제 곧 짙은 어둠이 드리울 것이다.

어둠 속을 걷는다. 숲속의 작은 등들이 걸어가는 내 발걸음을 인도한다. 초록의 산소들은 여전히 나의 육체를 말갛게 적신다. 불현듯 다가왔던 대낮 공원에서 외로움은 이제 멀어져간다. 어둠 속에서 녹색의 숲을 걸으며 가슴이 생명력으로 꽉 차오른다. 아련한 나뭇잎들의 속삭임을 들으며 멀리 네온사인을 향해 걷는다. 빛을 향해 걷는 사이 나를 둘러싼 어둠이 내 마음의 어둠을 해체한다. 낮 동안의 헝클어진 마음이 차분하게 돌아오는 시간이다. 외로운 생각이 가라앉으니, 사물이 또렷이 보이고, 사유의 세계가 드러난다.

호수공원에서 집으로 돌아와서 눈을 돌리니 탁자 위에 말없이 펼쳐져 있는 노트북이 보인다. 낮에 초조한 마음으로 집에서 탈출했던 모습 그대로이다. 마시던 보이차 잔은 어지럽게 흩어져 있고, 여기저기 쌓여있는 책들도 눈에 띈다. 낮에는 그토록 다가가기 힘이 들었던 노트북이 나를 끌어당긴다.

나는 노트북 앞으로 간다. 나를 막아서는 것은 아무것도 없다. 시간이 가는 줄 모르고 책상 앞에 앉아 있다. 노트북 화면에 뭔가가 채워져 간다. 내가 충만하니 의식과 무의식이 활발하게 소통하며 내 안의 우주가 온갖 빛을 발한다. 어둠 속에서 내가 더 잘 보이는 이유는 무엇일까?

원고 하나가 끝나갈 즈음, 거실 창으로 다가가 블라인드를 올렸다. 아파트 앞으로 난 길이 보인다. 인기척 하나 없다. 그냥 어둠뿐이다. 불과 몇 시간 전에 내가 배낭을 메고 걸어왔던 길이다.

"어두운 길 걷지 마세요." 꿈에 엄마가 컴컴한 길을 걸어가고 있더라며 걱정이 된 딸이 한 말이다. "문형아! 너 그거 아니? 어둠 속을 걸어가면 거기에 뭔가가 있어. 고독의 얼굴이 있어. 그 고독이 창조를 이룬단다. 엄마는 작가잖아. 엄마는 두렵지 않아."

손주들 보고 싶은 마음에서 외로움의 경계선을 넘으니, 고독의 벌판이 펼쳐졌다. 홀로 걷는 길과 명징한 사고와 집필의 시간을 통과했다. 그런 뒤 맞이한 새벽의 창가에는 더 나다운 내가 서 있었다.

항아리의 뚜껑을 열다

고향 집 화단 옆에 항아리가 많았다. 오래된 항아리들 안에는 된장 고추장뿐만 아니라, 깻잎, 마늘, 매실, 오이지가 그 안에서 익어갔다. 곰삭은 맛이 오묘했다. 그 먹거리들은 우리 집 밥상을 풍요롭게 했다. 이릴 때부터 쌓인 미각味覺은 내 인생을 가치 있게 하는 미美적 감각의 근원이 되었다. 어머니의 항아리 안에서 차곡차곡 담겨져 조용히 익어가던 것들이 우리가 뚜껑을 열 때를 기다리듯이 내 안에도 그런 것이 담겨져 있다고 생각하곤 했다.

내 가슴에 있는 항아리는 내 창작노트이다. 내 진심의 흔적들이 담긴 항아리다. 어머니에게 장 항아리가 보물이었듯이 나에게도 노트들은 내 보물이었으나 나는 그 뚜껑을 오랫동안 열지 않았다. 아니 사실은 열지 못했다. 용기가 없어서…….

　어려서부터 나의 꿈은 작가가 되는 것이었다. 백일장에서 상을 곧잘 타곤 했다. 어느 백일장에선가 장원을 하던 날 아버지가 많이 기뻐하시던 모습이 기억에 남아 있다. 아버지는 내게 이태준의 『문장강화』를 선물하셨다. 무슨 뜻인지도 모르고 읽었던 기억이 난다. 지금까지도 그 책을 간직하고 있다. 아버지께서 나의 꿈을 응원해 주셨다는 사실이 중요했다. 그건 내게 큰 자부심이었다. 대학에 진학할 때, 아버지가 하신 말씀이 생각난다. "중국문학이 선이 굵어. 문학을 공부하려면 중국문학을 전공해라." 지금도 그 말씀을 하시던 목소리가 생생하다.

　하지만 인생은 내가 의도한 대로 흘러가지 않았다. 나는 타이완으로 유학을 가게 되었다. 논문의 주제를 잡고 자료를 찾으면서도 항상 글을 쓰고 싶은 갈증에 시달렸다. 귀국하여 신춘문예를 준비할까 하는 생각도 여러 번 했다. 방학이 끝나고 한국에서 출발하여 타이베이 기숙사에 도착하면 방문을 걸어 잠그고 두문불출 글을 썼다. 그때 썼던 것은 소설이다. 힘든 유학 생활과의 전투를 시작하기 전에 기우제를 지내듯이 밤새워 글을 썼다. 나의 욕망과 진심은 오로지 글을 쓰고 싶은 것뿐이었다. 욕망이 채워져야만 싸울 힘이 생길 것 같았다. 그러나 그런 갈증은 시간이 지나갈수록 점점 옅어져갔다. 논문을 쓰는 것과 창

ⓒ 최기환

작을 하는 두 개의 사유 체계가 엇갈려서 양립하기가 힘들었다.

중국문학을 공부하는 것은 문학의 광맥을 찾아가는 것이었다. 그러다가 중국 고전 산문들을 마주할 수 있었다. 중국의 산문은 중국문학의 근간이었다. 시도 소설도 산문의 영향을 많이 받았다. 고전 산문인 노자, 장자, 굴원, 도연명, 한유, 유종원, 소동파 등의 문장 속에서 한 시대의 정신을 만났다. 현대 산문에서는 루쉰魯迅, 마오둔茅盾, 바진巴金, 라오서老舍, 딩링丁玲의 작품들을 만났다. 그들의 산문은 중국의 현대사였다. 산문의 힘을 알게 되었다. 중국의 산문은 역사였고 시대정신이었다. 시대마다 선이 굵은 문장들을 읽으며 다시 글을 쓰고 싶은 욕망이 용솟음쳤다. 그럴 때마다 메모를 해서 노트에 간직했다. 빨간색 볼펜으로 휘갈겨 쓴 것도 있고, 파란색 볼펜으로 차분히 기록한 것도 있다. 자료를 가위로 잘라서 붙여놓은 것도 있다. 쓰고, 다시 지우고 고치고, 그런 메모가 30여 년 동안 내 가슴의 항아리 안에 쌓였다.

어머니는 시간이 날 때마다 행주로 항아리들을 닦으셨다. 나도 가끔 노트를 뒤적인다. 내 삶을 어루만지는 것이다. 이제 담아둔 소재들을 하나씩 꺼내 수필을 쓸 것이다. 지난 시간에 겪었던 기쁨이나 고통, 아픔의 흔적에 대한 짧은 기록들 속에 내가 있다. 어떻게 해도 드러나지 않던 내 모습이 글 속에서는 자주 보이곤 했다. 이상하게도 그때 느꼈던 감정들이 모두 기억이 난다. 내가 기억을 못 보내는 건지, 기억이 나를 잊지 않은 건지는 알 수 없지만…….

나의 오래된 항아리에는 꿈이 담겨 있다. 늦게 시작했지만 꿈은 서서히 익어갈 것이고, 시간이 흐르듯이 내 삶의 강물도 흘러가겠지. 항아리에 숨겨 두었던 글들이 튀어나와 내 손을 잡고 한바탕 춤이라도 추었으면.

서어나무의 꿈

숲은 조용하였다. 숲을 지키는 나무들의 기둥은 우뚝 서 있었으며, 하늘을 가린 푸르른 잎들은 바람이 스칠 때면 들릴 듯 말 듯 살랑이는 소리를 냈다. 녹색의 향연이었다. 나뭇잎들은 내가 가는 길을 환영하듯이 녹색의 손들을 마구 흔들었다. 나를 환영하는 숲속의 인파들 같았다.

포천의 광릉 숲에 왔다. 서어나무를 보기 위해서였다. 영흥도 십리포에 서어나무 군락지가 있고, 그 외에 여러 군데에 서어나무 숲이 있다. 어느 날 문득 광릉 숲에 있는 서어나무가 궁금했다.

내가 처음으로 서어나무를 만난 것은 몇 년 전이었다. 사진

전시회를 준비 중인 친구를 쫓아 사진 촬영에 동행하고 있었다. 친구는 지난주에 찍었다는 영흥도 십리포의 서어나무 군락지를 찍은 사진을 보여 주었다. 여러 컷의 사진들이었다. 참 특이한 나무들이었다. 나무들이 모두 구불구불했으며, 곧게 뻗은 나무가 없었다.

"이 나무들은 무슨 나무야?"

"서어나무."

영흥도 십리포의 서어나무는 영흥도에 살던 선조들이 해풍이 심해서 방풍림으로 심은 나무들이다. 바다에서 불어오는 매서운 바닷바람을 막기 위하여 심은 나무는 300여 그루의 군락지를 이루고 있다. 엄청난 바닷바람을 맞으며 자라서 직선으로 자라지 못하고 구불구불 뒤틀려 있다. 모든 바람과 거친 날씨를 겪은 험한 모습의 나무들이다.

그중에 내 눈을 사로잡은 사진 한 장이 있었다. 회색빛 나뭇등걸이 근육처럼 꼬여 있었고, 나무 기둥에는 큰 구멍이 뚫려 있었다. 그 위에는 반창고 같은 검은 흉터들도 있었다. 참 험악한 나무도 있다고 생각을 하며 서어나무 사진을 바라보고 있었다. 친구는 서어나무의 별명이 '인내의 나무'라고 했다.

영흥도의 바닷바람을 가슴으로 방어하고 있는 서어나무의 애처로움이 내 가슴으로 전해졌다. 아마 서어나무는 도망치고 싶었을 것이다. 그러나 움직일 수 없었다. 영흥도를 지켜야 하니까. 겨울에 바닷바람은 얼마나 혹독했을까. 온몸으로 바람을 피하다가 오른쪽으로 굽었으리라. 장마철의 장대비는 또 얼마나 줄기찼을까. 숨을 쉬려고 다시 왼쪽으로 굽었으리라. 그래서 나뭇등걸이 구불구불 비틀리고 나무 기둥에 구멍이 뚫린 모습이었다. 그 모습을 보는데 왜 이리 가슴이 뭉클할까? 구멍이 뚫린 나무를 자꾸 쳐다보았다. 내 가슴 같았다. 나도 현실을 회피하고 싶을 때가 많았다. 그러나 내가 지켜야 하는 나의 현실로부터 한 발짝도 움직일 수 없었다. 서어나무와 같은 신세였다.

 서어나무를 찾아가는 광릉 숲은 아름다운 초록들의 보금자리였다. 나무들은 푸르른 잎을 달고 그 자리에 뿌리를 내리고 있었다. 잎들은 생명력을 가지기 위해 햇빛을 받으며 힘을 만들어 나무를 성장시키고 있었다. 숲에서 풍기는 이 상큼한 냄새를 어찌 말할 수 있으랴.
 깊은 숲으로 들어가서야 서어나무를 만날 수 있었다. 광릉 숲의 서어나무는 근육 나무라는 별명처럼 울퉁불퉁한 근육의 몸통을 가진 모습이었다. 다부진 근육을 가진 청년의 몸통처럼 힘줄도 튀어나와 보였다. 영흥도 사진 속의 서어나무 첫인상은 고단한 책임감에 시달리는 못생긴 나무였는데, 광릉 숲의 서어

나무는 나무 기둥이 구불구불 꼬여 있고 여전히 구멍이 뚫려 있으나 단단하고 강한 모습이었다. 숲속의 장수將帥 같았다.

서어나무는 음수陰樹이다. 음수의 나무는 그늘에서도 잘 자라는 생명력이 강한 나무를 말한다. 햇볕에서만 살아갈 수 있는 소나무와 참나무는 오히려 생존력이 약한 나무들이다. 소나무와 참나무가 번성하는 동안에 서어나무는 그늘에서 오랜 시간 인내하며 목숨을 유지하지만, 그 나무들이 사멸하게 되면 그때부터 빠르게 성장하여 마지막까지 숲을 지킨다. 음수로 가장 낮은 곳에 서식하다가 숲의 주인이 되는 것이다.

서어나무가 숲의 장수가 되었던 생명력은 오래 참음이었다. 뻥 뚫린 구멍들은 오랜 세월 묵묵히 참았던 훈장인 듯했다. 그늘이라는 음지의 환경을 잘 견딘 것이다. 서어나무를 통해 보이는 자연의 섭리 앞에 옷깃을 여몄다.

숨을 깊이 내쉬어본다. 온몸에 스며드는 나무와 나무들의 어루만짐이 느껴졌다. 한 모금이라도 더 서어나무의 생명수를 마시고 싶어서 나무 기둥에 얼굴을 비비고 있었다. 문득 아버지가 생각났다. 내 마음의 절대 권력자인 아버지가 생각났다. 어머니 품의 따뜻함보다 아버지 가슴의 든든함이 내 팔에 휘감겨 왔다. 한참을 그렇게 있었다.

사는 동안 힘들고 지쳤을 때, 아버지를 찾아가곤 했었다.

"참는 자가 강한 것이다."

아버지가 해주시던 말씀이 생각났다.

서어나무 숲에서 만난 어느 분이 죽은 서어나무 본 이야기를 해주었다. 좀 더 들어가면 서어나무 한 그루가 죽어 있는데 그 기둥의 뚫린 구멍 사이에 수많은 생명체가 살아가고 있더라는 것이다. 멸종 위기의 장수하늘소와 딱따구리가 거기 깃들어 있고, 수많은 곤충들도 함께 살며 버섯이 자라나고 있다고 말해주었다. 서어나무는 죽어서도 숲의 이로움에 자기를 내어주고 더불어 숲을 이루고 있었다. 가슴이 따뜻해져왔다.

영흥도 서어나무의 뻥 뚫린 나무 기둥이 내 삶의 상처 자국이라고 생각했는데, 그곳에 생명이 잉태되고 있었다. 서어나무를 꽉 껴안았다. 서어나무의 커다란 구멍과 내 가슴이 맞닿아 있었다. 살면서 뚫린 가슴의 상처 속으로 서어나무 구멍의 수액이 흘러 들어오고 있었다. 상처의 구멍이 생명을 품을 수 있다니, 내 가슴에서 파란 새싹이 돋는 것 같았다.

하루 종일 광릉 숲을 걸어 다녔다. 숲 사이에는 작은 서어나무들이 있었다. 미래의 숲을 지키는 파수꾼들이다. 서어나무는 모든 나무가 어울려 살아갈 수 있도록 자기를 내어주며 숲과 더불어 살아가는 모습이다. 서어나무 숲은 치유의 숲이었다.

작은 것은 나였다

시간은 흐르고 있다. 순간도 멈추지 않는다. 시간은 광음光陰이라는 말로도 표현하는데, 그것은 낮과 밤을 이야기한다. 많은 세월이 지나갔다. 그런데 시간의 어느 한 시점, 그 시점의 기억은 너무 생생해서 잊히지 않는다. 여러 가지 사건과 의식이 엉키고 퇴적되어 기억으로 남아있다. 친구들이 여행을 간다고 했다. 타이베이로 떠나는 3박 4일의 일정이었다.

　타이베이에 몇 번 공무로 간 적이 있었다. 일이 끝나면 곧 귀국했다. 그런데 이번에는 달랐다. 은퇴 후에도 시간이 많이 흘렀다. 이번이 아니면 내 기억이 완전히 소멸할지도 모른다는 위기감이 느껴졌다. 불현듯 그리움이 밀려왔다. 그곳의 시간을 밟으며 기억을 찾아 걸어보고 싶었다.

타이베이 공항에 도착하여 비행기에서 내리면서 하늘을 보았다. 맑은 10월의 하늘이다. 35년 전 타이베이 공항에 내렸을 때는 혹하고 열기가 느껴졌었지. 8월의 고온 때문이었으리라. 무서운 더위였다. 더위와 함께 봄에 줄기차게 내리던 비, 그리고 잦은 지진 소동이 잊히지 않는다. 10월이라 그런가. 기온도 적당하고, 비도 내리지 않는다. 봄이면 줄기차게 내리던 비를 잊을 수가 없다. 그러나 여행 가이드에 따르면 잦은 지진은 여전하단다.

8년간 유학했던 모교인 타이완국립사범대학臺灣國立師範大學이 있는 길로 접어들면서 주위를 두리번거렸다. 건물이 많아진 풍경이다. "좀 변했어."

내 소리를 들었는지 친구가 "35년인데." 했다.

젊은 날에 드나들었던 교정을 향하여 걸음을 옮겼다. 천천히 걷다가 도서관 앞을 걸을 때는 급하게 뛰었다. 저곳이었는데. 하루 종일 『십삼경주소十三經注疏』의 방점을 찍고 있었지. 그러나 그곳은 행정관으로 변해 있었다. 털썩 땅에 주저앉았다. 기억에 혼돈이 왔다. 과 사무실은 어디로 갔나? 두리번거려도 알 수가 없었다. 새로운 건물이 많이 들어섰다. 누군가의 안내를 받아 찾아간 곳은 중문과라고 쓰인 건물이었다. 건물 앞에는 남녀 젊은이들이 스터디를 하고 있는지 둥그렇게 앉아 있었다. 아주 젊은 학생들. 35년 전 나의 모습이었다.

건물 뒤로 돌아와서 기숙사 쪽으로 향했다. 어디쯤인지 기억이 가물가물했다. 기숙사 건물을 찾을 수가 없었다. 빈 땅에 기숙사만 덩그러니 세워져 있는데, 지금은 빌딩들이 빼곡하게 들어차 있었다.

시간의 기억을 좇아 걸었다.

책 전람회에서 책을 잔뜩 사고 난 다음에 기숙사로 돌아왔다. 지갑이 텅 비어 있는 것을 알았다. 저녁 밥값이 없었다. 기숙사 지하가 식당이어서 그 앞에서 한국인이 오기만 기다렸다. 돈을 꾸어 달라고 하니 웃으면서 밥을 사주던 선배님 모습이 기억났다. 이리 뛰고 저리 뛰었지만, 기숙사 건물을 못 찾았다. 울지 않고 친구들이 있는 차로 돌아왔다. 너무 그리웠던 장소를 밟았다. 여한이 없다.

35년 전, 졸업식이 끝나고 교정을 빠져나와 함께 공부했던 중국 친구들을 만났다. "8년 전쟁이 끝났구나." 내 힘들었던 유학 생활을 잘 알고 있던 친구가 이야기했다. 중국과 일본의 8년 전쟁을 비유하여 말한 것이다. 타이베이 공항에서 이륙해서 태평양 바다 위에서 내려다본 타이완은 너무 조그맣게 느껴졌다.

저 작은 땅덩어리에서 20대에서 30대 말까지 몸부림친 것이 새삼스레 아득했다. 정말 끝났다. 젊은 시절은 모두 가버렸는데.

기숙사 건물이 없어진 그 골목을 걸어 나오며 나는 유학 시절의 추억이 힘들었음이 아니라 그리움이었음을 알게 되었다. 넘고 넘어온 한자의 늪과 언덕들은 나의 자산이 되었음을 확인하게 되었다. 그것들은 지금 나의 모든 것이다. 논어, 맹자, 노자, 장자, 도연명, 이백, 두보, 소동파…….

타이완 땅이 작은 땅이라고 억울해했던 그날의 기억. 그것도 오해였다. 타이완 안에는 중국이 있다. 중국의 모든 것을 공부할 수 있었던 그 시절은 내 정신세계를 이루었고, 거대한 중국을 충분히 느낄 수 있었던 시기였다.

한국으로 돌아가기 위하여 공항으로 가고 있었다. 단수이淡水

를 지나고 있었다. 옛일이 또 생각났다. 단수이를 지나면 한국 친구들이 많이 거주하는 외곽 도시가 있다. 친구들 집에 놀러 가서 김치를 얻어먹고 단수이를 지나오면서 듣던 덩리쥔鄧麗君의 '예라이샹夜來香' 노래가 들려오고 있었다.

남풍이 시원하게 불어오고
그 밤꾀꼬리는 구슬피 웁니다.
달 아래 꽃들은 모두 잠이 들었는데
오직 야래향만이 향기를 내뿜고 있습니다.

생각하고 싶지 않다고 한쪽으로 밀쳐두었던 기억. 그 시간의 조각조각은 퍼즐처럼 맞춰지고 있다. 내가 살아온 가장 생명이 충일했던 시간이었고, 후회 없는 추억이었다 자물쇠가 잠기어진 기억을 열고서 걸어 들어갔다가, 그곳에서 진실한 나를 만났다. 다시 살아갈 이유와 용기를 덤으로 얻었다.

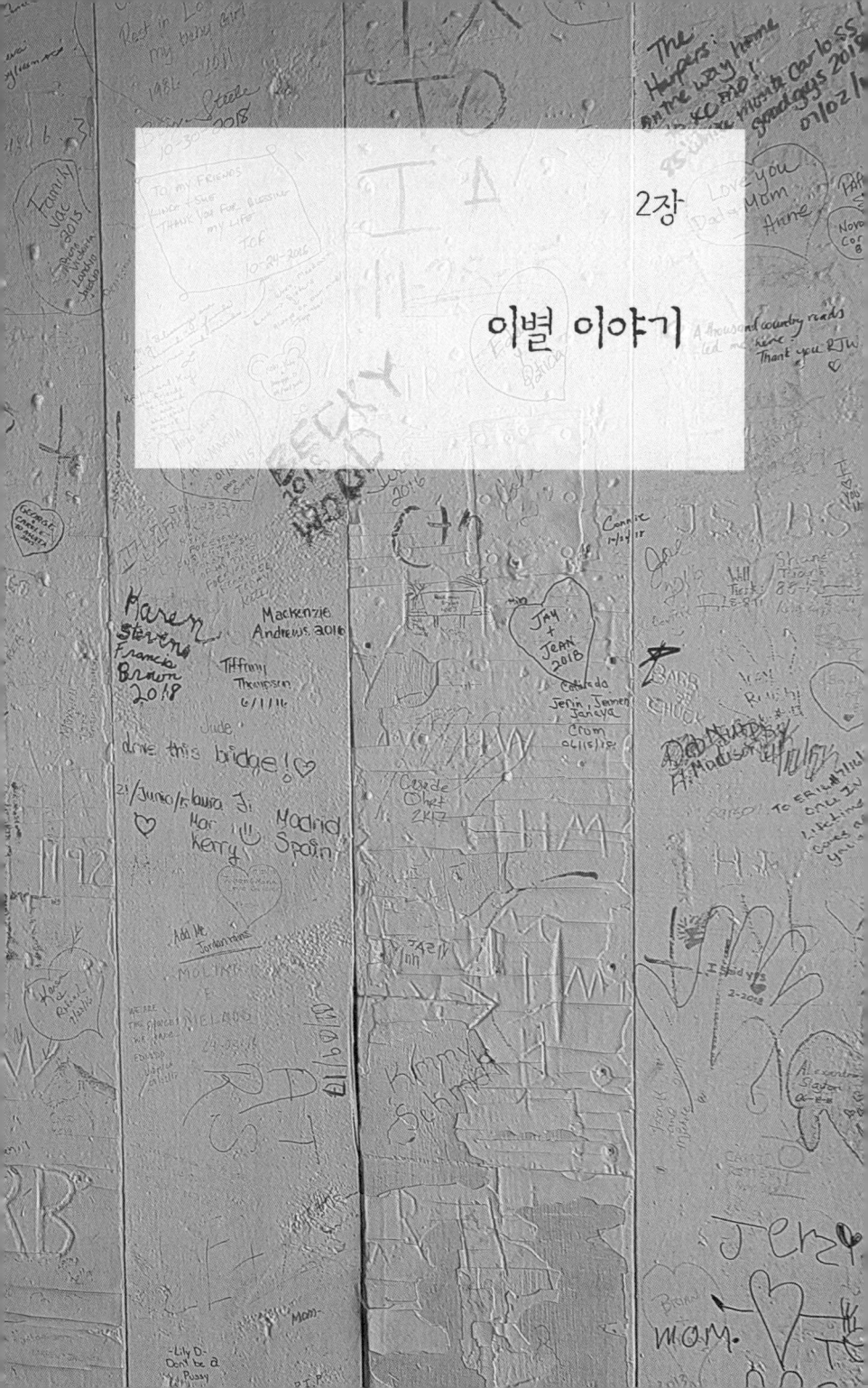

2장

이별 이야기

푸른 슬픔

배들이 듬성듬성 떠 있는 마산 앞바다, 하늘까지 온통 파랗다. 가만히 바라본다. 바다의 하얀 포말을 바라보는 나의 몸과 마음이 푸른 슬픔으로 가득하다. 그녀가 다가온다. 내 앞에 와 마주 앉는다. 강희……. 맘껏 울고 싶었는데 저녁노을이 아름다워서인가 왠지 마음이 평온해진다.

 잘 지내고 있니?

 나는 손을 내밀었다. 그러나 내 손에는 아무것도 닿지 않았다. 소식이 궁금해서 전화를 걸었다. 2년 만이었다. 그런데 전화를 받지 않았다. 왜일까. 궁금한 마음에 그녀 남편의 전화번

호를 다시 눌렀다. "강희가 지금 없어요. 몇 달 전에 세상을 떠났어요." 전화기를 잡은 두 손이 마구 흔들렸다. 위암으로 고생하다가 떠났다는 것이다. 그와 무슨 이야기를 나누었는지 기억이 안 났다. "마산 앞바다에 뿌렸어요."

그녀가 그리울 때마다 마산 앞바다가 떠올랐다. 그녀의 고향 앞바다이다. 그런데도 가기가 힘들었다. 어느 면으로는 두려웠다. 마음속으로 수없이 뒤척이다가 마침내 용기를 냈다. '이 마음이 끝나려면 마산 앞바다를 가야만 한다.' 마산으로 가는 버스 안에서 나는 울렁거리는 마음을 달래며 과거로 돌아갔다.

대학 입학 때부터 시작된 교내 시위는 해가 거듭되어도 끝나지 않았다. 어느 날, 합동 수업 시간에 우리는 수업을 거부하고 강당으로 모였다. 하나둘 울분을 지닌 채 모였지만 아무도 앞장서지를 않았다. 어느 순간 강당이 꽉 찼다. 그때 강희가 앞으로 나갔다. 그녀는 조동진의 '작은 배'라는 노래를 불렀다. 아주 작은 소리로 부르던 노래는 합창이 되어 강당을 울렸.

"작은 배가 있었네. 아주 작은 배가 있었네. 작은 배로는 떠날 수 없네. 아주 멀리 떠날 수 없네."

이 노랫말과 함께 우리는 모두 자리에서 일어나 교정 밖으로 나갔다. 대열의 앞에는 그녀가 있었다. 우리에게 '작은 배로는 안 돼. 작은 배를 타고는 저 희망의 땅으로 갈 수가 없어.'라고 외치는 것 같았다. 누군가 그녀의 남자 친구가 이미 수감되어 있다는 이야기를 전했다.

강희를 다시 만난 것은 몇 해 뒤 도서관에서였다. 공부한다고 도서관에 왔는데, 우리는 만나면 복도 창가에서 머리를 맞대고 남자 친구들 이야기만 했다. 그녀도 나도 녹록하지 않은 사랑에 열중해 있었기 때문에 누군가의 위로와 지지가 필요했다. 그때 그녀의 사랑은 보기만 해도 눈에 통증이 왔다. 남자 친구를 면회 가는 어두운 뒷모습이 아직도 기억난다.

어느 날, 강희가 내 자취방으로 왔다.

"몸이 아파."

"잘 왔다. 좀 쉬어라. 내가 밥상 차려 올게."

그런데 밥을 못 먹었다. 위가 아프다는 것이다 그렇게 2박 3일을 내 자취방에 있다가 갔다. 자다가 깨어 보니 강희는 컴컴한 방구석에 쪼그리고 앉아 있었다. 나중에 알았다. 그날 공판에서 남자 친구가 사형을 선고받았다는 것을…….

바닷가를 걷는다. 고즈넉한 노을이 아름답다. 그리움을 바다에 모두 던지고 나니 노을 속에 마산 앞바다가 친근해진다. 체취가 느껴지는 듯하다. 그녀의 품으로 돌아온 느낌이랄까. 잘

웃던 모습도 떠오른다. 그 순간 무슨 소리가 들려온다. 그 소리는 바다 저편에서 내 안으로 걸어 들어왔다. '후회 없어.'

훅하고 가슴이 떨려왔다. 나는 지금도 잘 모르겠다. 그 목소리가 그녀의 것인지 내 안의 울음인지.

강희의 결혼 청첩장을 받았던 순간이 생각난다. 한참을 청첩장을 내려다보고 있었다. '잘했어.' 나 혼자 이야기했다. 희망 없는 사랑은 저쪽 편에서 속절없이 흘러가고 있었을 뿐이었다. 그녀가 새로운 사랑을 선택한 후에 우리는 자주 만날 수 없었다. 모든 무대에서 사라졌다. 동창회에도 나오지 않았다. 사랑하는 사람을 끝까지 지키지 못해 일생 죄인처럼 숨소리도 안 내고 살았다. 아마 내 마음이 아픈 것은 그 부분인 것 같다. 어쩌다 만나도 우리는 지나간 시절은 서로 이야기를 하지 않았다. 숨이 가쁜 삶 속에 잠깐 만나 손을 잡고 웃었을 뿐이다.

그래도 한 번쯤 물었어야 했다. "네 위는 괜찮니?"라고. 그녀는 사랑을 지키느라 위에 병을 앓았다. 수감된 남자친구를 만나고 오면 늘 몸이 아팠다. 음식을 먹으면 항상 가슴을 부여잡았다. 그러더니 결국 위암으로 떠나버렸다.

한참을 해변에 앉아서 바다의 바람을 고스란히 맞는다. 후회가 없다니, 편안한가. 그렇게 생각하니 나도 마음이 편안해진다. '후회 없으면 됐어.'

바다는 밀려오는 어둠에 그 빛이 점점 사라져간다. 이제 푸른 바다의 슬픔은 끝나간다. 그랬으면 좋겠다. 나는 마산 앞바다를 떠나면서 뒤를 돌아보지 않았다.

프란체스카의 마지막 편지

우리는 우주의 먼지 두 조각처럼 서로에게 빛을 던졌던 것 같소. 신이라고 해도 좋고 우주 자체라고 해도 좋소. 광대한 우주의 시간 속에서 보면 나흘이든 4억 광년이든 별 차이가 없을 거요.

단 나흘을 만나고 평생을 가슴으로 사랑한 로버트와 프란체스카의 사랑 이야기는 우리의 영혼을 흔드는 감동이었다. 두 사람은 처음 만나고 나흘간을 사랑하고 22년간을 기다림과 그리움으로 살았다. 위의 글은 로버트의 유서 속 사랑 고백이다.

아이오와주 방문을 앞두고, 예전에 보았던 영화〈매디슨 카운티의 다리The Bridge of Madison County〉를 두 번 더 보았다. 책도 다시 읽었다. 그러나 로버트의 유서 내용은 두 번 세 번 보아도 여전히 벅차고 부담스러웠다. 이들의 사랑은 도대체 어떤 빛일까? 그래서 자신들의 사랑을 우주라고 표현했을까? 아이오와에 머무는 시간이 많지 않지만, 아이오와주 남쪽 시골 농촌 윈터셋Winterset에 위치한 매디슨카운티의 다리를 가 보리라.

흐린 날씨에 메디슨카운티의 다리로 떠났다. 영화는 8월의 더운 날씨가 배경인데 그 때는 12월이었다. 내가 묵고 있는 숙소가 아이오아 주립대 근처인데, 매디슨 카운티는 거기에서부터 남쪽으로 1시간 반이나 걸렸다. 아이오와의 깊은 산골이었다. 윈터셋의 방문센터를 가서 여러 가지 정보와 자료를 둘러보고, 그 곳에서 일명 로즈먼 다리Roseman Bridges라 부르는 영화 속 매디슨 카운티의 다리를 찾아 다시 떠났다. 한참을 지나다 보니 로즈먼 다리 팻말이 보였다. 시선을 오른쪽으로 돌리니 저 멀리 빨간색 그러나 지금은 색이 바랜 자줏빛 지붕을 이고 있는 로즈먼 다리가 보였다. 〈매디슨 카운티의 다리〉의 촬영 현장이다. 절절한 사랑으로 내 가슴을 적셨던 그 다리는 초라한 감이 느껴졌다. 겨울이라서 그런가? 주변은 스산한 가운데 인적도 없었다. 그러나 로즈먼 다리를 건널 때에는 그 사랑의 감동이 그대

로 느껴졌다.

프란체스카는 아이오와주에서 농장을 운영하며 평범하게 살아가는 주부인데, 어느 날 남편과 아이들이 며칠간 집을 비우게 된다. 우연히 길을 묻는 내셔널 지오그래픽 사진작가 로버트 킨케이드와 만나게 된다. 프란체스카는 길을 잘 모르는 로버트를 로즈먼 다리로 안내해 준다. 그리고 그들의 사랑이 시작된다.

윈터셋 방문센터에서 로즈먼 다리까지는 비포장도로인데, 이곳까지 데려다준 사위에게 미안하다는 생각이 들었다. 운전하기가 너무 힘든 여정이었기 때문이다. 그러나 아직 일정이 남았다. 영화에 나오는 이층집인 프란체스카의 집은 내가 직접 내 눈으로 확인하고 싶은 곳이다. 방문센터에 물어봤더니 대강의 위치를 알려주었다. 역시 노 계속되는 비포장도로를 한참 달렸다. 아이오와주 들판을 달리고 달렸다. 어느 철조망이 쳐진 지점에서 사위는 차를 멈췄다. 주소는 여기쯤이라는 것이었다. 출입 금지라는 팻말이 붙어 있었다. 화재가 있었다는 기사를 읽었는데 이층집까지 타버렸나, 어렵게 왔는데 목적을 못 이루는구나. 실망하는 마음을 안은 채 몇 컷의 사진을 찍고 다시 차를 타고 귀갓길을 재촉했다. 그러는 사이에 내 시야에 오른쪽 들판

끝에 자그마한 이층집이 보였다. 차를 내려 자세히 보니, 내가 찾던 바로 그 이층집이었다. 두 사람의 사랑이 이루어졌던 부엌과 이층 침실, 그리고 베란다가 있는 바로 그 이층집.

초면인데도 두 사람은 밤늦도록 아이스티를 마시며 대화를 나누었다. 그 감정은 자연스럽게 나흘간의 사랑으로 이어졌다. 가족이 돌아올 시간은 점점 다가오고, 로버트와의 이별이 남아있다. 로버트는 그녀에게 함께 떠날 것을 제의한다.
"당신이 기억해 주면 좋겠소. 애매함으로 둘러싸인 이 우주에서 이런 확실한 감정은 단 한 번 오는 거요. 몇 번을 다시 살더라도 다시는 오지 않을 거요."
프란체스카의 고뇌하는 모습, 그리고 끝내 함께 떠나지 못하는 그녀의 안타까운 모습이 지금도 눈에 선하다. 그녀는 가족을 선택했다. 그날 그렇게 두 사람이 헤어지는 장면의 배경이 되었던 이층집과 밖으로 향해진 기다란 길, 그때 나는 그 장면의 현장을 바라보고 있었다. 한참을 프란체스카의 집 앞에서 서성이고 있었다.

시간은 흘러 남편은 병이 들고, 여전히 충실하게 남편을 간호하는 프란체스카의 모습이 영화 속에 보인다. 그녀는 남편이 세상을 떠난 후에야 로버트를 찾아보았지만, 어디에서도 로버트를 찾을 수 없었다. 그리고 1982년 어느 날, 로버트로부터 보내온 작은 상자를 받는다. 그 상자는 로버트의 유물이었다. 그 안에는 자신이 쓰던 카메라와 기다란 유서, 그리고 그녀가 헤어질 때 주었던 목걸이가 함께 있었다. 또 상자 속에는 변호사의 메모가 들어 있었는데, 로버트는 화장을 원했고 그의 요구에 따라 로즈먼 다리에 유해가 뿌려졌다는 내용이었다. 담담하게 그 유물 상자를 가슴에 안아 보는 프란체스카의 모습이 보였다. 그렇게 조용히 마지막 생애를 보내던 프란체스카도 1989년 숨을 거두게 되고, 자식들에게 보내는 유언장에는 자신의 유해도 로즈먼 다리에 뿌려달라고 부탁한다.

"내 삶은 모두 가족에게 바쳤으니, 이제 남은 것은 로버트에게 주고 싶구나!"

내 마음이 숙연해졌다. 나흘간의 사랑은 죽을 때까지 그리고 죽어서까지 이어졌다. 그들의 사랑은 어찌 이렇게 영원할 수 있었을까? 에임즈로 돌아오는 차 속에서도 그들의 사랑 이야기는 가슴 속에서 가라앉지 않았다. 그들은 자신들 삶의 본연을 지켰다. 자신들의 삶에 책임을 다했다. 사랑이 무엇인가? 상대방의 편에 서는 것이다. 프란체스카는 가족의 옆에 남는 것을 택했

고, 로버트는 그녀의 결정을 존중했다. 그리고 두 사람은 22년이라는 세월을 연락 없이 살아갔다. 그러나 그들의 일상은 서로에 대한 사랑으로 가득했다. 그들의 사랑은 순수했고 진실했다.

책을 읽을 때마다 영화를 볼 때마다 내 가슴에 다르게 새겨지는 그들의 사랑이 알고 싶었다. 그 현장에 가서 그들의 사랑이 펼쳐진 곳을 추적하고 싶었다. 그들의 사랑이 무슨 빛인지를 규명하고 싶었다. 참 교만한 생각이었다. 나는 이 사랑의 의미를 말할 자격이 없다. 이 사랑은 그들의 것이다. 그들이 함께했던 추억이 남은 그 다리에 자신들의 뼈를 묻기를 원했다면, 그것이 그들의 진실인 것이다. 내가 할 말은 없다. 한국으로 돌아가기 전에 다시 한 번 로즈먼 다리에 가고픈 마음이 절절했다. 로버트와 프란체스카가 거기 함께 있을 것 같았다. 한 줌의 재가 된 그들은 영원한 강물이 되어 지금도 함께 흐르고 있을 것이다.

책을 염습殮襲하다

살아가면서 많은 사람을 만났다. 만남은 헤어지기 위함이었는지, 많은 이별을 겪었다. 부모님과의 사별과 친구들과의 헤어짐은 큰 슬픔이었다. 애착을 가졌던 물건과의 헤어짐 또한 큰 이별이다.

  30여 년 소장해온 책들과 이별하였다. 애틋한 이별이었다. 은퇴를 앞두고 연구실의 책들을 정리했다. 나는 인문학 전공자이기 때문에 책은 중요한 자산이다. 앞으로의 연구계획에 따라 필요한 자료를 정리하여 집으로 옮겨두었다. 하지만 연구실의 책을 모두 가져갈 수가 없어서 우선 도서관에 연락했다. 며칠 후에 직원이 와서 책꽂이의 책들을 돌아보더니, 책꽂이 하나를 온통 차지하고 있는 중국 역사서 『25사史』만을 가지고 가겠다고 했다. "웬만한 책들은 DB로 구축되어 있어서……." 그는 말끝을 흐렸다. 씁쓸했다. 내 자산의 가치가 평가절하되는 기분이었다. 먼저 은퇴한 교수들에게서 평생 애지중지해온 책이 갈 데가 없다는 애환을 익히 들은 터라 담담하려고 애썼다. 종이책은 홀대받는 세상이로구나.

다음으로 제자들에게 연락하여 필요한 책을 가져가라고 했다. 그 시간은 참 좋았다. 어렵게 구해서 소장해온 자료들을 제자들에게 나누어 주었다. 어두워진 서가에서 다시 희망의 빛이 샘솟는 시간이었다. 한 제자는 책과 이별하는 내 마음을 알아챘는지 저녁 식사까지 사주면서 나를 오래 위로하고 책을 잔뜩 가져갔다. 그렇게 책들은 새로운 주인을 만나서 연구실을 떠났다. 그렇게 연구실이 훌쩍 비워졌다.

남은 것은 연구실 구석에 자리한 책꽂이 두 개. 타이완과 홍콩에서 구입한 책들을 따로 모아놓은 서가다. 35년 전에 구매한 책들이라 대부분 평장平裝인데 먼 타국까지 오느라 지쳤는데 많이 낡아 있었다. 그래도 난 이 책들을 소중히 간직해 왔다. 타이완에서 유학할 때 일 년에 한 번 있는 책세일 기간마다 사 모은 책이 대부분이다. 수많은 출판사가 참여하는 책 전람회도 겸해 열리는 그 세일 기간 내내 배낭을 메고 어슬렁거렸다. 집으로 돌아올 때는 배낭 가득 책을 담아 가지고 왔다. 그렇게 산 책을 책꽂이에 꽂으며 얼마나 행복해했는지. 그러고는 저녁쯤에야 지갑에 돈이 없는 것을 깨닫곤 했다. 기숙사 식당에서 식권을 살 돈조차 없었다. 한국에서 송금할 날짜는 아직 멀어서 하는 수 없이 며칠 동안 밥을 굶었다. 그렇게 굶어가며 모은 책들이다.

논문을 쓰기 위한 준비에서 가장 중요한 것은 목록 조사다. 타이완 학술지에 실린 논문들은 대다수 자료를 수집했는데, 후에 중국 학술지에 게재된 자료들을 보니, 깊고 세부적인 연구 자료들이 많았다. 중국이 문호를 개방하지 않았던 시기라서 타이완에서는 중국 자료를 구할 수가 없었다. 자료를 찾아 헤매는 나에게 어느 선배님이 조언하였다. 홍콩의 대학도서관이나 홍콩 삼련서점三聯書店에 가면 중국 자료를 구할 수 있다는 것이었다. 35년 전의 나는 자료 수집을 위해 홍콩행 비행기를 탔다. 과연 좋은 자료들을 많이 수집할 수 있었다. 목록에서만 보았던 중국 자료들을 발견하고, 논문을 다 쓰기라도 한 듯이 흡족해했다. 그런데 타이완으로 돌아오는 공항에서 그 자료들을 모두 빼앗길 뻔했다. 금지禁止 서적이라는 것이었다. 출판지 명인 '베이징北京'이 문제가 된다고 해서 공항 복도에 퍼질러 앉아 빨간색 매직펜으로 '北京'이라는 단어를 지웠다. 그렇게 수집한 책들이었다. 이제 이 책들을 처분해야만 하는 것이다. 아무도 그 책들을 원하지 않았다. 어떻게 해야 할까 고심하다가 고서점에 연락했는데, 책이 몇 킬로그램이나 되느냐는 질문에 정신이 아뜩했다. 내 소망은 책들이 다른 연구자들에게 소용이 되었으면 좋겠다는 것인데, 현실은 전혀 다른 말을 하고 있었다. 속이 상하고 안타까운 시간이었다.

연구실을 비워야 하는 날이 코앞으로 다가오자 나는 책들을 노끈으로 묶었다. 젊은 시절에 꿈과 희망을 품고 만난 책들이었다. 나의 추억이고 역사이나 아무리 궁리해도 방법이 없어서 버리기로 했다. 연구실 앞에 내놓으면 어떻게든 처리되리라. 책을 열 권씩 노끈으로 묶었다. 그러다가 문득 이 책들이 시체와 같다는 생각이 들었다. 그 책을 묶고 있는 나는 마치 입관入棺하기 전에 시체를 염습殮襲하는 장의사인 듯했다. 눈물이 한 방울 뚝 떨어졌다. 예전에 시신을 입관하기 전에 베로 싸서 묶는 과정을 참관했던 기억이 오버랩되었다. 책을 노끈으로 묶는 작업은 반나절이나 계속되었다.

책들은 쓰레기가 되어 사라질 것이다. 어디로 가는지도 모르겠다. 주검이 되어 땅에 묻히거나 태워질 것이다. 한 묶음 한 묶음 묶어서 연구실 앞에 내놓은 뒤에도 자꾸 신경이 쓰였다. 문을 열고 누군가 책을 가지고 갔는지 여러 번 확인하였다. '아직

안 가져갔구나.' 안심이 되기도 했다. 화장실을 다녀오면서도 확인해 보았다. 아무도 가져가지 않기를 바라는 마음인가? 복도를 왔다 갔다 하며 힐끔힐끔 쳐다보았다.

　다음 날 출근하면서 보니, 문 앞에 쌓여 있던 책들이 말끔히 사라지고 없었다. 순간 다리가 휘청했다. 한 다리로 절룩거리며 걷는 기분이었다. 아! 없어졌구나. 나의 추억과 역사가 사라졌구나. 연구실에 앉아서도 가슴에 구멍이 난 듯이 허전했다. 장기臟器의 중요한 부분이 잘려져 나간 것 같았다. 이렇게 해서 나는 나의 책들과 이별하였다. 참으로 힘든 이별이었다.

하얀 나비

하얀 나비를 보았다.

그녀의 49재는 깊은 산속에서 있었다. 8월의 짙은 녹음을 바라보며 천지는 푸르른 녹음에 쌓여 있는데, 그녀는 어디에 있을까? 착잡한 마음으로 그녀의 영정을 바라보고 있었다. 그때 하얀 나비가 내 옆으로 왔다. 무심히 쳐다보고 있었다. 그녀가 보냈나? 지나가는 생각이었다. 어디엔가 기대어서 절박한 심정을 기대고 싶은 마음뿐이었다.

그녀의 죽음은 갑작스러운 비보였다. "어머니가 입원하셨어요. 위중하세요." 그녀의 아들이 보낸 문자를 망연히 바라보고 있었다. 무슨 일일까? 코로나 때문에 오랫동안 만나지 못했다.

야구 방망이로 뒤통수를 두들겨 맞은 느낌이었다.

그때부터 며칠을 시외버스를 타고 병원이 있는 천안을 오르락내리락 했다. 그녀의 병명은 말기 암이었다. 임종이 다가오는데 직계 가족이 아닌 친구들은 면회가 자유롭지 못했고, 간신히 영상통화를 할 수 있었다. "어머니가 좀 컨디션이 좋아지셨어요. 영상통화 하시겠어요?"

그녀는 죽음을 앞두고 있었다. 의식도 혼미한 상태였다. 주렁주렁 매달린 주사바늘 밑에 눈을 감고 누워 있었다. 가슴이 꽉 막혀 할 말이 없었다. "언니, 사랑해요." 의식이 혼미하다는 그녀의 눈가에서 눈물이 주르륵 흘러내렸다. "아픈 거 나으면, 우리 타이완에 놀러가요." 눈을 감은 그녀가 끄덕끄덕 했다. 그렇게 해서 우리는 이별을 했다. 갑작스러운 친구의 죽음으로 나는 매일 밤 깊은 심연 속에서 헤맸다. 그녀와 함께 보낸 젊은 시절이 송두리째 달아나 버린 것 같았다. 왜 그녀가 떠나야 했는지 이해할 수가 없었다.

우리는 타이완 유학 시절 선후배로 만났다. 논문을 쓰는 기간에는 기숙사를 나와 타이베이 근처 아파트에서 둘이서 지냈다. 인생의 힘든 고비를 함께 넘었다. 더군다나 우리는 동병상련의 공통점이 있었다. 한국에 남편과 아이를 두고 유학 생활을 하는 유부녀들이었다. 녹록지 않은 현실을 함께 견디며, 꿈을 향해 달려가고 있었다.

도서관에 갔다가 돌아오는 길에 아파트 단지 내에서 노란 유치원 버스를 만나면, 그날은 그로기 상태가 된다. 한국의 유치원 버스와 타이베이 유치원 버스는 왜 모두 노란색인가? 노란 버스 속에서 아이들의 웃음소리가 들리면 정신이 휙 나가버린다. 집에 돌아와서는 식탁에 엎드려 엉엉 울었다. 한국에 있는 딸도 유치원을 다니고 있었기 때문이다. "이렇게 눈물방울이 커다란 건 처음 봐. 꼭 솔방울 같아." 그녀는 내가 흘린 식탁 위의 눈물을 닦으며, 내 등을 토닥였다.

주말에는 그녀의 제안으로 지룽^{基隆}을 가기로 했다. 내가 딸을 보고 싶어 하는 것이 마음에 걸렸나 보다. 타이베이역에서 기차를 타고 지룽역에서 내려 해변으로 갔다. 지룽은 타이완에서 가장 북쪽에 있는 항만 도시이다. 그곳에서 태평양을 지나 쭉 북쪽으로 가면 인천 앞바다에 도착할 수 있다.

둘이서 해변에 앉아 한참 동안 한국 쪽을 바라보고 있었다. 서로 아무 말도 하지 않았다. 그렇게 한국 쪽 하늘을 바라보고만 있었다. 당시 학생이었던 우리는 쉽게 한국행 비행기를 탈 수가 없었다. 한참을 앉아 있었더니 목까지 올라와 있던 딸에 대한 그리움이 잦아들었다.

저녁 무렵, 그녀가 말문을 열었다. "우리, 헤어지기로 했어." 그녀가 남편과의 불화로 힘들어하는 것을 익히 알고 있었다. 지룽의 앞바다는 잔잔했지만, 바다 빛이 어두워져갔다. 오후의 햇빛도 해변을 지나고 한국의 하늘은 아득히 더 멀게 느껴졌다. 우리의 길은 왜 이토록 힘든 것인가? 그녀는 태평양을 응시하고 있었고, 나는 낮은 소리로 울고 있었다.

아침에 일어나서 화장실에 가는 길에 그녀를 보았다. 거실 창 너머 타이베이로 가는 터널의 새벽 불빛을 보고 있었다. 엉거주춤 서 있는 그녀의 뒷모습이 많이 지쳐 보였다. 우리는 논문 작업 시간이 달랐다. 그녀는 새벽에 잠이 들고, 나는 그 시간에 기상하곤 했다. 오늘도 그녀는 논문 작업을 하느라 잠이 들지 못했다. 살며시 다가가서 그녀의 어깨에 손을 얹었다. 그녀가 허밍으로 부르는 노래에 나도 허밍으로 화음을 맞추었다. 우리의 노랫가락은 점점 밝아오는 신하이¥½ 터널의 햇빛 속으로 사라져갔다. 타이베이의 하루가 시작되는지 차들이 분주하게 달려가고 있었다. 우리는 많이 힘들었지만 포기하지 않았다.

그녀의 아들이 유골함을 들고 뒷산으로 올라갔다. 수목장을 지내기 위해서이다. 나도 뒤를 따랐다. 마음이 무거웠다. 이제 그녀와 정말 이별을 하게 되는 것이다. 수목장이 이루어질 뒷산은 조용했다. 옆을 보니 하얀 나비가 나를 따라왔다. 장례식장 뜰에서 만난 나비였다. 나에게 길이라도 안내하듯 앞에서 파드득파드득 날고 있었다. 그녀가 길을 안내하나? 자꾸 하얀 나비를 바라보게 되었다.

산 중턱에 이르러서 아들이 유골함을 열고 한 줌 유해를 뿌렸다. 나무 밑으로 흙 위로 하얀 그녀의 유해가 뿌려졌다. 나도 유골함에 손을 넣고, 한 줌을 쥐어 허공을 향해서 뿌렸다. 순간 바람이 불어와 유해는 한참 동안 공중을 부유했다. 그리고는 바람을 따라 저 멀리 날아갔다. 나무들은 우수수 하는 소리를 내며 바람을 타고 날아가는 그녀를 맞이했다. 유해는 표표히 산등성이 위로 내려앉았다. 아! 자연으로 돌아갔구나. 마음이 편안해졌다.

아침에 49재 장례식장으로 향하면서 마음이 힘들었다. 그녀의 짧은 인생이 내 어깨에 얹혀 있었다. 이렇게 허무하게 헤어지는 것이 섭섭할 뿐만 아니라 참담하기까지 했다. 그런데 그녀의 유해가 흙 위에 춤추듯이 사뿐히 안착하면서 마음이 안정되었다. 그녀는 왔던 곳으로 다시 돌아간 것이다. 흙에서 왔다가 흙으로 돌아갔다. 곧 나도 돌아갈 길이고, 이것이 삶의 순리라는 생각이 들었다. 힘든 마음이 점차 톤을 낮추며 안정돼 갔다.

서울로 가는 채비를 서두르다가 하얀 나비 생각이 났다. 나비가 보이지 않았다. 어디로 갔을까? 이곳저곳을 두리번거리는데, 멀리 숲을 향해 날아가는 나비가 보였다. 장자莊子가 호접胡蝶이 되어 하늘을 날았듯이, 그녀도 나비가 되어 허공을 날아가고 있었다. 자연으로 돌아가고 있었다. 하늘로 날아가는 나비를 하염없이 쳐다보았다.

마음에 아무런 섭섭함이 없었다.

타샤의 가위

사람을 만나는 것은 그 마음을 만나는 것이다. 마음과 마음이 만나는 것이다. 어떤 사람은 마음이 아름답게 다듬어져 있고, 어떤 사람은 헝클어져 있는 것이 느껴진다. 마음이 아름다운 사람에게서는 햇볕 잘 드는 정원의 향내 같은 것이 살그머니 흘러나온다. 나는 내 마음의 정원을 아름다운 꽃과 나무가 잘 어우러진 보기 좋은 정원으로 가꾸고 싶다. 그래서 사람들이 자주 드나들며 즐거워하는 정원이 되었으면 좋겠다.

지난해 가을, 친구들과 함께 〈타샤 튜더〉(2018)라는 영화를 보았다. 타샤 튜더는 미국의 동화 작가이며 화가이다. 영화는 미국 버몬트 주에 있는 타샤의 집을 배경으로 정원 가꾸기, 그림과 음식, 동화쓰기, 인형 만들기, 동물 기르기 등의 타샤의 일상을 보여준다. 고풍스런 집을 둘러싼 30만 평이나 되는 정원에는 가지각색의 꽃들이 흐드러지게 피어 있었다. 작약과 쥐오름풀, 보라십자가꽃이 한데 어울려 웃고 있었다. 초록색 잎과 어우러진 털양귀비, 라벤더의 꽃들은 내 마음을 잔잔하게 흔들었다. 타샤는 정원을 만들 때에 먼저 좋은 씨앗을 선별하고, 그 씨앗이 성장하기 좋은 토양에 뿌리고, 물을 주어 기른다고 했다. 계획적으로 꾸미지는 않는다고 했다. 그런데도 타샤 정원의 모든 꽃들은 한데 어우러져 조화를 이루고 있었다. 다양한 색의 꽃들은 풍성한 초록빛을 배경으로 저마다의 색을 자랑하며 화려하게 피어 있었다.

 타샤는 어떻게 저렇게 많은 꽃과 나무를 돌볼 수 있을까? 타샤의 정원 가꾸는 방법은 간단했다. 그녀는 하느적 하느적 꽃과 나무들 사이를 걸어 다녔다. 맨발이었다. 지나가다가 꽃잎이 시들어 있으면 잘라주고, 또 지나다가 축 처진 줄기를 손으로 잡아 일으켜 밑 둥우리를 잘라준다.
 "시든 꽃은 꺾어줘야 해요. 그래야 꽃이 또 피지요. 잘 꺾어주는 게 중요해요. 정원을 잘 가꾸려면 잡초 뽑기의 달인도 되어야 해요."

잡초를 뽑는 손의 움직임이 잽쌌다. 나이가 90인데 허리가 꼬장꼬장했다. 뽑은 잡초들을 옆구리에 낀 바구니에 쉴 새 없이 던져 넣었다. "잡초는 독하고 질겨요. 뽑아도 뽑아도 계속 자라나요." 그녀는 잡초를 뽑는 것보다 가지를 잘라내는 게 더 힘들다고 했다. 하지만 그녀가 가지를 잘라내는 모습에는 조금의 망설임도 없어 보였다.

타샤의 손에 들려 있던 전지가위가 오래 잊히지 않았다. 두꺼운 머플러를 어깨에 두르고 꽃 덤불 사이를 걸을 때, 타샤의 가위는 치마에 가려 보일 듯 말 듯 했다. 그러나 그녀가 꽃이나 나무 앞에서 멈추면 곧바로 나타났다. 그녀는 어느 꽃에 가위질이 필요한지 쉽게 알았다. 어느 가지를 잘라내야 꽃과 나무가 균형이 잡히는지, 아름다운 자태가 나타나는지 바로 아는 것 같았다.

"그냥 튀어나온 것을 잘라내요."

오늘 나는 내 마음의 정원을 바라본다.

날씨가 좋은 날은 꽃봉우리마다 꽃이 핀다. 꽃잎의 색깔도 선명하다. 나도 내 마음의 정원에 많은 꽃과 나무를 심고 싶다. 그래서 타샤의 정원처럼 아름답고 싶다. 그러나 비 오는 날도 많다. 그런 날 내 마음의 정원은 형편없이 헝클어져 있다. 그렇다고 침울할 필요는 없다. 비가 온 후에는 더욱 조심히 정원을 걸어보자. 내 마음 곳곳에 심겨진 나무와 꽃잎들 사이를 걸어보자. 맨발이면 더 좋겠지. 타샤처럼 하느적 하느적 정원의 꽃들을 쳐다보고, 또 내 마음에 심겨져 있는 나무들을 주의 깊게 쳐다보자. 내 마음의 정원을 자주 들여다보아야 시든 꽃잎이 보이리라.

언젠가 친구의 오해로 마음이 상한 적이 있었다. 친한 친구였기 때문에 상한 마음이 오래 갔다. 조금만 친구 입장이 되어 생각했으면 쉽게 해결될 감정이 오래 갔다. 한참을 지난 다음에야 그 상처의 정체를 알았다. 좀 더 일찍 그 거짓의 감정을 눈치를 채고 조치를 취했어야 했다. 그 감정은 내 마음의 시든 꽃잎이 되었다. 시든 꽃은 꺾어주어야 꽃이 새롭게 핀다는 타샤의 말이 생각났다. 타샤의 치마폭에 숨겨져 있던 전지가위로 그 꽃을 잘라주었어야 했다. 조금만 방심하면 그 시든 꽃잎들이 쌓여서 내 마음의 정원이 초라해진다. 나쁜 것들은 얼마나 전염성이 높은가? 시들은 마음의 꽃잎은 옆에 있는 꽃잎도 시들게 할 것이다.

마음속의 시든 꽃과 가지는 과감히 잘라내야 한다. 잘라내면 그 자리에 파란 새순이 돋고, 그 가지는 점점 자란다. 웃자란 가지도 있다. 자기만 혼자 툭 튀어나와서 보기가 안 좋다. 욕심 말이다. 욕심은 놔두면 점점 자란다. 참으로 제어하기 힘든 것이 욕심이라는 나뭇가지이다. 그 가지 하나가 자라서 가시덤불처럼 무성하게 번질 수 있다. 욕심은 싹이 생겼을 때 얼른 잘라 버리는 게 낫다. 미움도 잘라내고, 슬픔도 잘라내고, 욕심도 잘라내야 한다.

정원의 나무 아래에 앉아서 떠가는 구름을 바라보며 행복할 수 있다면, 그 사람은 마음의 정원이 잘 다듬어져 있는 사람이다. 미움에 시달리고, 슬픔에 잠겨 있고, 욕망에 시달리면 바람결에 정원의 나뭇잎이 우수수 소리를 내는 것을 들을 수 없다. 나는 아직 타샤처럼 내 마음에 어느 곳이 시들어 있는지 척 보고 알지를 못한다. 그러나 이제부터라도 마음을 살피는 시간을 늘릴 것이다. 내 마음이 어디서부터 황폐해졌는지, 비와 바람에 어떤 나무들이 쓰러졌는지 살펴보리라. 좋은 정원은 좋은 씨앗을 심는 것만 중요한 것이 아니다. 우리의 자연이 비와 바람에 시달리듯이 우리 마음도 미움과 슬픔과 욕망으로 시달리게 된다. 마음속에 시든 가지나 잡초 그리고 튀어나온 가지를 잘 정리하여 마음의 정원을 가꾸어야 한다. 그래서 마음 구석구석까지 꽃이 활짝 피어 있고 햇볕도 따뜻하게 비추이고 바람도 잘 드나들도록 내 마음을 잘 돌봐야 한다. 그리고 그곳에 심은 꽃과 나무들이 조화롭고 어우러진 모습이면 더더욱 좋겠다. 모양이 다르고 색깔이 다른 꽃과 나무들이라도 한데 섞이어 바람결에 아름답게 나부끼는 것은 마음을 잘 가꾼 정원에서만 볼 수 있는 장관이다. 그러고 난 후 그 정원에 그리운 사람들을 부르고 싶다. 정다운 친구들이 놀러 와서 편하게 쉬다가 갔으면 좋겠다. 나는 오늘 튤립과 수선화를 돌계단 옆에 잔뜩 심어놓고 벤취 옆에 넝쿨장미가 흐드러지게 피도록 헝클어진 가지들을 손보았다.

보랏빛 위로

석남사石南寺 근처에 있는 그녀의 집을 방문했다. 조용한 산속 이층집이었다. 얕은 냇가를 지나 비스듬한 언덕길을 조금 지나니 집이 보인다. 길옆에는 몇 채의 전원주택이 있었고 맞은편 숲에는 푸르른 나무들이 가득하였다. 그 나무들 밑에는 보랏빛 꽃들이 무더기로 피어 있다. 맥문동이다. 보라색 꽃물결이 아스라하게 내 마음의 그리움을 건들고 지나간다. 눈에 닿는 것이 모두 애절하다.

그녀의 아들에게서 어머니가 위독하다는 연락을 받고 천안 병원으로 내려갔다. 코로나 상황이어서 친지가 아닌 사람은 중환자실에 있는 그녀를 만날 수 없었다. 말기 암이었다. 연락을 받은 지 보름 남짓한 시간 사이에 그녀를 하늘나라로 보냈다. 순식간에 닥친 이별이었다.

그녀와 나는 타이완에서 함께 유학하던 친구로 나보다 2년 선배였다. 우리는 유학 생활의 마지막 2년을 기숙사에서 나와, 아파트에서 함께 논문 작업을 했다. 우리는 가끔 서로를 바라보며 "우리는 친구가 아니라 전우戰友야."라고 했다. 인생에서 가장 힘들었던 시기에 서로를 지켜보며 함께 언덕을 넘었기 때문이다. 전우란 전장에서 총을 맞으면 부축해서 병원까지 옮겨주고, 회복할 때까지 수통의 물을 먹여주는 존재 아닌가. 우리가 그랬다. 그러나 마지막에 나는 무심하게 전우를 보냈다. 물 한 모금 먹여주지 못했다. 그녀의 죽음으로 나는 휘청거렸다.

그녀가 퇴직을 하고 안성의 산속에 집을 마련하고 초대했었다. 그러나 바쁘다는 핑계로 원고가 밀렸다는 핑계로 그렇게 만나지 못했다. 참 후회가 된다. 몇 번 통화만 했을 뿐이었다.

"요즘 뭐해요?"

"신화 책 정리하고 있어."

그녀는 중국 신화가 전공이었다.

49재는 깊은 산속에서 있었다. 수목장이 끝나고 석남사 근처에 있는 그녀의 집을 방문했다. 친구의 죽음으로 엎치락뒤치락 힘든 시간을 보내던 어느 날, 문득 생각났다. 그녀에게 중국 신화의 유고遺稿가 있으리라. 그녀의 유고집을 만들고 싶었다. 그것만이 허무하게 가버린 그녀에게 주고 싶은 선물이었다.

서재는 2층에 있었다. 들어서자마자 눈에 익은 가구며 책들 그리고 소파까지 보인다. 어머니가 돌아가신 후에 유품을 정리할 용기가 나지 않았다던 아들의 말이 생각난다. 그녀의 흔적이 그대로 남아 있었다. 나는 그녀의 책상을 찾았다. 중국 신화의 유고가 어디에 있을까? 책상은 창가 쪽에 있었다. 급하게 걸어갔다. 그리고 온몸이 얼어붙은 듯 움직일 수가 없다.

책상 위에는 가지각색의 색연필이 가득하다. 스케치북과 컬러링북이 그 옆에 놓여 있다. 책은 보이지 않았다. 눈에 익은 그녀의 전공 서적들은 책장에 가지런히 꽂혀 있었다. 다양하고 화려한 색연필들 옆 컬러링북에는 꽃과 나뭇잎 또는 물방울, 구름들이 아름다운 색들로 칠해져 있었다. 분홍색, 연두색, 주홍색, 녹색 등 화사한 색들의 가득했다.

스케치북을 넘기는데 밑바탕을 엷은 보라색으로 칠한 꽃그림에 내 시선이 멈춘다. 그녀는 보라색을 좋아했다. 그래서일까. 보라색 그림이 많다. 보라색 티셔츠와 블라우스를 즐겨 입던 모습이 생각났다. 그 생각을 하니 보라색이 와락 반가워졌다. 그림 위에 손을 얹었다. 그녀가 느껴졌다.

보라색은 빨강과 파랑이 합쳐진 색이다. 보라색이 신비로운 색이라는데 반대되는 두 색이 합쳐졌기 때문이 아닐까. 그녀가 좋아한 보라색은 따뜻한 보랏이었다. 그녀가 남긴 보랏빛에 마음이 안정되고 서운함은 사라져갔다. 내가 보라색에 따뜻함을 느끼듯이 그녀 역시 보라색을 칠하며 위로를 느꼈으리라.

색의 힘을 느낀다. 인간에게 감정적, 정신적, 신체적으로 영향을 주는 강력한 언어이다. 우리가 빛을 통하여 색을 볼 때, 우리 몸으로 들어온 색의 파장은 신경을 자극하고 호르몬을 생성하여 신체에 큰 영향을 준다. 눈을 통하여 들어온 빛은 뇌신경 세포에서 세로토닌을 분비하여 마음의 안정과 기쁨까지도 일으킨다고 한다.

한적한 산속으로 거처를 옮길 때부터 걱정을 많이 했다. 그러나 지금 생각해 보니 그녀는 그때부터 죽음을 준비하고 있었다는 생각이 든다. 다른 사람은 몰라도 나는 안다. 그녀는 강한 사람이었다. 자기의 병과 마주하며 외로움을 이기기 위하여 밝은 색의 색연필로 그림을 그리며 죽음을 향해 갔을 것이다.

수목장 장면이 떠오른다. 아들이 그녀의 유골함을 들고 석남사 뒷산으로 올라갔다. 나도 그의 뒤를 쫓아갔다. 주위는 푸르른 녹음으로 울창한데 그녀는 어디로 가는 걸까. 나도 그녀의 유해를 한 줌 쥐어 허공에 뿌렸다. 바람에 날려 사뿐히 산속으로 내려앉았다. 그녀는 왔던 길로 돌아간 것이다. 흙으로 돌아갔다.

마음을 안정시키고 창밖의 하늘을 바라본다. 슬픔이 가라앉는다.

어여쁜 그대

아침에 일어나서 거실로 나오면 나를 반기는 것은 식물들이다. 군자란, 보랏빛 양란, 녹보수… 그들을 바라보며 잠을 떨치고 하루를 시작한다. 거실 창 너머 아파트 앞길에는 연둣빛 나무들이 각자의 모습으로 산소를 발산하고 있다. 기분이 좋다. 보랏빛 양란의 꽃잎이 시들어 탁자 위로 푸드득 떨어져 있다.

"고마워. 오늘도 나를 지켜줘서." 식물들에 물을 주며 시든 가지와 떨어진 꽃잎을 줍는다. 하루하루를 살아내는 그들과 나는 동지이다. "오늘도 열심히 살자." 내가 그들을 바라보며 위로를 받듯이, 그들도 내가 만져주는 손길과 언어를 느끼고 있으리라. 처음에는 식물들을 바라보는 것만으로 안정감과 평화를 느꼈었다. 그런데 어느 날부터 그들에게 말을 걸기 시작했다.

아침에 일어나면 식물들과 대화를 한다. 그들에게 생명이 있다는 것을 알고 있기에 자연스럽다. 이때 그들이 나에게 뿜어주는 녹색의 산소가 더 큰 위로와 안정을 주는 것은 물론이다.

"여전히 예쁘세요." 후배들은 모두 이구동성 이야기하였다. 선배님은 우리들의 칭찬에 아무 대꾸없이 살포시 웃고만 계신다. 듣기 좋으신가 보다. 아닌 게 아니라 병중인데도 젊은 시절의 미모가 그대로다. 동문 모임을 통해 오래 만나왔지만 선배님을 처음 뵈었을 때 벌써 60대 초반이었다. 예배 때 피아노를 연주하던 단아한 모습이 생각난다. 얼마 전에 새벽기도 다녀오시다 실족하셔서 다리에 골절이 왔다는 소식을 들었는데 마음만 안타까워하다가 한참이 지나서야 병문안을 갔다. 병원에서 퇴원하신 지는 오래되었으나 보행은 못하고 계셨다. 나이라는 것이, 세월이라는 것이 참 무겁다. 젊었다면 그 자리에서 툴툴 털고 일어났을 것을…….

선배님은 후배들이 준비한 케이크와 단감을 맛있게 드셨다. 우리들이 가겠다고 자리에서 일어나는데, 우리를 배웅하시겠다고 며느님께 부축을 원하셨다. 식구들이 모두 놀라는 표정이었다. 저리 일어나려는 것이 퇴원하고 처음이라는 것이다. 며느님의 부축을 받으시며 현관까지 나오셔서 우리를 배웅해 주셨다.

선배님 댁을 돌아 나오는데 우리의 칭찬하는 말을 들으시고 입가와 얼굴에 번지던 생명력의 잔잔한 파동이 기억났다. 두 눈이 반짝거렸고 얼굴에도 기쁨의 세포 분열이 시작된 양 화색이 번졌다. 그러고는 일어나 걷기까지 하신 것이다. 나는 '언어의 힘'이라고 생각한다. 그것은 분명 우리의 육체와 정신까지도 움직인다. 순간 오래전에 선배님이 내게 해주신 말이 생각났다.

남편의 혈압이 제로로 떨어진 날 새벽, 앰뷸런스를 불러 응급실로 가던 그날 밤에 대한 기억은 이제 의사와 간호사들이 바쁘게 움직이던 모습으로 흐릿하게 남아 있다. 이제는 힘들 것 같다고 하던 의사의 음성이 그날을 다른 날과 다른 날로 기억하게 만들었다. 다시 회복되는 것이 힘들다는 말을 할 때 의사는 내 눈을 똑바로 바라보지 못했다. 앰뷸런스를 타고 응급실에 오는 게 한두 번이 아니었으니 측은해 보였을 거다. 남편이 중환자실로 옮겨진 다음 나는 병원 뜰 앞에 서서 하늘을 올려다보았다. 갈 데가 없었다. 이럴 때 가장 힘이 드는 것은 이 불행이 '내 탓'이라는 괴로움이다. 내가 잘못해 생긴 일이라는 자책감이다.

퍼뜩 생각났다. 그 시각에 동문 모임의 기도회가 열린다는 사실이……. 내가 달려갔을 때 기도회는 진행 중이었고, 나는 제일 뒷줄에 엎드려서 아무도 나를 알아봐 주지 않기를 바랐다.

그러나 기도회가 끝나고 선배님들이 나를 보시더니 너무 반가워하셨다.

"언제 왔어, 야! 너 예뻐졌다. 와 이리 예뻐졌노?" 하며 한 선배가 내 등짝을 아플 만큼 세게 쳤다. 아니 세수도 하지 않고 병원 응급실에서 왔는데⋯⋯. 그분들의 표현은 오랜만에 만나서 반갑다는 의미였으리라. '남편이 아파서 고생한다더니 이렇게 기도회에 나왔구나! 참 기특하다'는 뜻이었으리라. 그렇게 나를 위로하던 선배님들의 기운찬 말은 지쳐 있던 내 마음에도 생기를 불어넣어 주었다. 모든 것이 내 잘못이라고 자책하던 내게 '네 잘못이 아니야, 너는 소중한 사람이야.' 하고 나를 일으켜주는 말이었다. 나의 가슴에 얹힌 멍울이 풀어지는 듯했다. 지금도 그 말의 여운이 가슴에 그대로 남아 있다. 그 말에 기운을 받은 나는 다시 기운을 내어 남편이 누워 있는 병원 응급실로 돌아갈 수 있었다.

그때의 '예쁘다'는 말은 내 외모를 칭찬한 것이 전혀 아니다. 하나의 언어에는 여러 가지 의미가 있을 수 있다. 사람이 외로울 때 가장 슬프게 느껴지는 게 '등'이어서 그랬을까. 어쩌면 선배님은 보았을지도 모른다. 내 등에 얹힌 고통의 짐이 주저앉을 만큼 무겁다는 것을⋯⋯. 그러나 그걸 알아봐주는 것이 무슨 힘이 되겠는가. 현명한 선배님은 '애쓴다' '힘들겠구나'라는 당연한 말 대신 뜬금없는 '예쁘다'라는 말로 내 감각을 돌려세워 주고 내 애처로운 등을 탁 하고 쳐서 기운을 불어넣어 주었다. 힘은 이상한 데서 나오기도 한다.

  저녁에 집으로 돌아오면 거실의 식물들을 다시 만난다. 보랏빛 양란은 몇 잎이 더 떨어져 있다. 녹색은 더 푸르러지고, 모두 나를 반기고 있다.
"고마워." 혼자 하는 말이 아니다. 내가 말을 건네면 식물도 내게 말을 건넨다. 나를 위로해 주고 마음을 치유해 주는 녹색의 언어. 우리의 소통은 일방적인 것이 아니라 서로 영향을 주고받으며 관계를 형성하는 것이다. '서로'라는 말이 소중하다. 서로가 주고받는 좋은 언어의 파장은 몸과 마음속까지 새로운 에너지를 생성한다. 힘이 들 때 일어날 힘을 주는 에너지 기둥이 되어준다.

어느 담벼락에 능소화가 피었더라

7월의 하늘은 청명하다. 창밖의 길가에 초록색 나뭇잎의 나무들이 화사하면서 애잔하게 서 있다. 어느 담벼락에 능소화가 꽃 무더기로 피어 있다. 화사했다. 또 애잔하기도 했다. 어딘지 불현듯 그 꽃이 누군가를 닮았다는 생각이 들었다.

그녀가 떠나던 날이 기억난다. 말기 암으로 투병 중이었다. 응급실에 입원하였다는 소식을 방금 받았는데 아들 연구에게서 방금 어머니가 세상을 떠나셨다는 연락이 왔다. 가슴이 덜컹했다. 비통한 신음만 나왔지 울음도 안 나왔다. 너무 갑작스러운 일이었기 때문이다.

친구는 남편이 없고 삼십 대 중반의 아들 연구만 있었다. 오랫동안 둘이서만 살았다. 이제 아들만 남겨졌다. 그가 걱정되었다. 어찌 장례를 치르려나. 걱정이 앞서 눈물도 나오지 않았다.

　장례식장은 한산했다. 연구가 문상객을 맞는다. 걱정했던 것보다는 당황하는 기색 없이 모든 일을 잘 진행하였다. 자꾸 그를 쳐다보게 되었다. 다음날 발인에서도 침착한 모습이었다. 그는 엄마의 유골을 가슴에 안고 천천히 걸어 나와서 하늘을 한번 올려다보더니, 수목장이 있을 장소까지 늠름하게 걸어갔다. 나는 연구의 뒷모습을 보며 생각했다. '엄마를 똑 닮았구나.'

　친구는 어떠한 일이 있어도 당황하지 않았다. 언제나 담담하던 그 표정이 가슴에 남아 있다. 아들이 엄마를 닮은 것이다. 내 눈길은 아들의 등짝에 꽂혀 떨어지지 않았다. 어른이라고는 하나 천애 고아 신세가 되었으니 앞으로 어찌 살아갈까. 그런 걱정이 떠나지 않았다. 장례식 내내 그의 옆에 있었다. 그것밖에 할 수가 없었다.

　내 아이들이 어릴 때였다. 토요일 오후 공원 벤치에서 우리는 커피를 마시며 수다를 떨고 있었고, 연구와 나의 큰딸 문형이는 공원 잔디 위에서 그림을 그리며 놀고 있었다. 문형이 크레파스를 빼앗으면 연구는 하하 웃으며 스케치북을 찢어놓고 도망갔다. 둘은 동갑내기였다. 아이들이 초등학교에 입학할 때까지 그렇게 네 식구가 함께 놀러 다녔다.

어느덧 2주기가 되었다. 친구들과 그녀의 수목장이 있었던 안성 뒷산을 찾았다. 자연은 여전한데 떠나간 사람은 흔적도 없었다. 나는 망연히 그녀의 재가 뿌려진 숲속을 응시했다. 이제는 그리움도 잦아들 세월이건만 가슴이 아프기는 매한가지였다. 그러다가 불현듯 울음이 북받쳐 올라왔다. 하긴 장례식에서도 연구의 눈치를 보느라 제대로 울지도 못했던 것이다. 한참을 나무 뒤에 숨어 울고 있는데 누군가 팔을 끌었다.

"이제 내려가세요."

연구였다. 언덕 아래로 내려가고 있는 친구들이 보였다. 연구가 나를 부축했다. 한참을 아무 말 없이 걸어서 내려왔다.
"결혼해야지."

한참 만에 대답이 돌아왔다. "네, 생각하고 있어요."

나는 내 귀를 의심했다. 연구가 많이 변했구나. 그동인 많이 외로웠나 보다. 가슴이 또 서늘해졌다. 내가 알기로 연구는 비혼주의자였다. 엄마와 아빠의 결혼생활을 봐와서 그런지도 모른다. 그녀는 생전에 아들이 결혼을 안 해도 좋은데 손주라도 있으면 좋겠다고 자주 이야기하곤 했다. 그때마다 쏟아지던 친구들의 웃음소리가 생각이 났다. "그래야 엄마가 기다리던 손주를 얻지. 엄마가 얼마나 손주 이야기를 많이 했는지 아니?"

슬쩍 스쳐 지나가며 쳐다본 연구의 눈가가 촉촉해진 것이 보였다. 이게 무슨 일인가? 애가 정말 약해졌구나. 그때부터 나는 연구의 얼굴을 마주 쳐다볼 용기가 나지 않았다.

연구는 엄마와 함께 즐겨 다녔다던 레스토랑에 우리를 데려갔다. 엄마가 좋아하던 시저샐러드와 고르곤졸라 피자 그리고 크림파스타를 먹으며 모두 즐겁게 그녀와의 추억을 되씹었다. 그 와중에도 나는 곁눈으로 연구를 훔쳐보곤 했다. 그는 아무렇지도 않은 듯 웃고 있었지만 1주기 때보다 더 초췌해 보였다.

창가에 비추는 햇빛이 점점 사위어갈 무렵, 우리는 서울로 올라갈 채비를 서두르고 있었다. 연구가 우리의 가는 길을 안내했다. 1주기 때도 그는 우리가 길을 잘못 갈까 봐 노심초사하며 길을 안내했었다. 서울로 어떻게 가야 하는지 자세히 안내해 주었다. 출발하기 전에 연구에게 다가갔다. 떠나기 전에 연구를 안아보고 싶어졌다. "건강 조심해. 엄마는 항상 네 칭찬을 했었어. 그리고 연구야, 사랑해." 연구를 꼭 껴안았다. 작년보다 쓸쓸해진 표정이 걸려서 더 꼭 껴안았다. 차는 주차장 언덕을 내려오고 있었다. 차의 뒤창에 그가 우리를 향하여 서 있는 모습이 보였다. 그런데 우리를 향하여 손을 흔들고 있지 않았다. 그는 뒷산을 바라보고 있었다. 그의 등만 보였다. 왜 그런지 걱정하며 한참을 지켜보았다. "어머, 연구가 울고 있나 봐. 차 좀 세워줘."

옆에 있는 친구가 말했다. 나는 뒤창에 매달리듯 다가가고 있었다. 운전석에 앉아 있는 친구는 차 좀 세우라는 말을 못 들은 척하며 언덕을 내려갔다. "그냥 가자."

차가 언덕을 내려오니 연구 모습이 점점 작게 사라져갔다. 떠나는 엄마의 친구들을 쳐다볼 수 없었나 보다. 모든 것이 나로부터 잘못되었다. 그리움을 주체하지 못하고 휘청거렸다. 그게 꿋꿋하던 연구의 마음으로 옮겨진 것이다. 나는 참았어야 했다. 먼 산만 바라보며 우리를 배웅하지 못하는 연구의 등을 쳐다보는 내 마음이 힘들었다.

연구의 모습이 사라진 후에 고개를 들고 차창 밖을 보았다. 7월의 햇살과 바람이 불어오고 있었다. 하늘까지도 맑았다. 어느 집 담장에 피어 있는 능소화 꽃잎이 눈에 들어왔다. 무심하게 푸른 줄기에서 툭하고 꽃들이 아래로 늘어져 피어 있었다. 능소화는 그리움의 꽃이다. 살랑살랑 바람에 흔들릴 때마다 그녀가 나를 향해 손을 흔드는 듯했다.

왜 그리움은 세월이 지나도 쌓이기만 하는 걸까. 그 색깔은 옅어지지도 않는구나. 추억은 시간이 지나도 애달프다. 잊혀 질 때가 되었는데도 보고 싶다. 열심히 살아가던 말이 없고 강하던 그녀의 뒷모습이 날이 갈수록 사무친다. 모든 것을 견뎌낼 줄 알았다. 친구는 낙엽이 지듯이 순식간에 스러져서 바람에 날려가 버렸다.

그녀의 아들은 홀로 남겨져 거친 바람 속에 서 있는데…….

이별의 절차

친구들과 함께 타이베이 관광에 나섰다. 공식적 업무도 세미나도 없는, 우정을 위한 여행이었다. 그러나 많이 망설여졌다. 타이완을 떠난 지 35년 만의 방문이었기 때문이다. 유학 생활의 힘들었던 역사가 나를 어떤 감성에 휩싸이게 만들지 알 수 없이 긴장이 되었다. 3박 4일의 여정 가운데 둘째 날의 지우펀 일정을 보자 더욱 가슴이 뛰었다. 지우펀은 내 추억의 명소이다.

 지우펀에 도착하니, 멀리 지룽 바닷가가 보였다. 지룽 바닷가는 먼 옛날 유학 시절 자주 찾아오던 곳이다. 타이베이에서 한 시간 정도 기차를 타고 북쪽으로 가면 만날 수 있는 바닷가였다. 한국이 그리울 때마다 한국 쪽을 바라볼 수 있는 지룽을 찾았다. 그리움이 가슴 가득 차올랐다.

지룽 바닷가를 향하여 셔터를 눌렀다. 아무 생각 없이 그리 웠던 바닷가를 향하여 셔터를 눌렀을 뿐이다. 그런데 카메라 속에 담긴 풍경에 화들짝 놀랐다. 영화〈비정성시悲情城市〉의 첫 장면과 꼭 같았다. 너무 놀라웠다. 이 자리가 영화를 촬영했던 바로 그 지점이구나. 촬영 카메라가 놓여 있던 그 자리에 내가 서 있는 것이었다. 온몸에 전율이 느껴졌다. 여행을 준비하는 내내 나의 뇌리에서 떠나지 않던 영화〈비정성시〉와 그렇게 다시 만났다.

〈비정성시〉는 1989년에 개봉한 영화다. 타이완의 허우샤오센侯孝賢 감독 작품으로 베니스 영화제에서 상을 받았으며, 타이완 영화사에 중대한 의미를 지닌 작품이다.

1947년 2월 28일 타이완의 한 여성이 허가받지 않고 담배를 팔았다는 이유로 국민당에 폭행당하고 사망하는 사건이 일어난다. 이에 타이완 전역에서 폭동이 일어나고, 이때 국민당의 무자비한 진압으로 많은 타이완인이 희생된다. 〈비정성시〉는 지룽에 살던 네 형제가 모두 이 사건으로 희생되는 내용이다. 이 영화를 통하여 2·28 사건을 처음 알게 된 그 시절이 감정이 되살아났다. 복잡한 마음을 추스르고 지우펀의 거리로 들어섰다. 영화〈비정성시〉로 유명한 관광지가 된 이 거리에는 붉은 등이 주렁주렁 달린 골목들 사이로 기념품 가게가 즐비하다. 홍등이 켜지는 저녁 무렵에는 더 화려하다. 전망이 좋은 아마이차루阿妹茶樓 찻집에서 우롱차 한 잔을 시켜놓고 창밖을 보니 지룽시의 바닷가 풍광이 보였다.

타이완 여행을 오기 전에 부랴부랴 〈비정성시〉 영화를 찾았으나 구할 수가 없었다. 출발하는 날이 임박해서야 모교 도서관에서 DVD를 구하여 가까스로 보았다. 1989년에 보았을 때와는 전혀 다른 차원의 감동이 밀려왔다. 처음에 이 영화를 보았을 때는 2·28 사건만이 보였지만 이번에는 영화의 모든 장면이 속속들이 좋았다. 한 가족이 권력에 의하여 희생당하는 어두운 역사를 다루고 있는데, 참혹한 장면이 없다. 여백의 미로 담담하게 역사를 표현하며 지룽시의 바닷가와 지우펀의 아름다운 풍광을 펼쳐 보여준다. 다양하면서도 정갈한 타이완 특유의 문화를 표현하는 여러 장면들이 모두 새롭게 보였다. 내가 직접 체험한 문화였기에 더 쉽게 공감이 되었을 수도 있다. 음력 명절에 마을에서 열리던 경극 장면과 어린아이들이 경극을 흉내내는 장면이 몇 번 나오는데, 그 시절이 새삼 그리워졌다. 신년에 마을마다 신났던 폭죽놀이 장면도 그리운 추억을 자극했다. 차 마시는 장면도 각별한 추억에 젖게 했다. 내가 이제야 타이완을 제대로 보게 되었구나, 흐뭇한 기분이 되었다. 주인공 막

내 아들 문청이 친구 관영의 여동생 관미와 연애하는 모습도 마치 내가 연애하는 기분으로 보았다. 형들이 국민당의 억압에 의하여 희생되는데, 문청은 나중까지 남아 있다가 실종된다. 지룽에서 사진관을 운영하던 그의 벙어리 연기가 참 자연스럽다. 영화 포스터 속 양조위의 모습에는 2·28 사건의 그림자가 없다. 두 남녀가 필담으로 연애하던 장면과 그때 울려퍼지던 노래 〈로렐라이 언덕〉은 또 얼마나 정겨운지……. 어두운 시대를 배경으로 사랑 이야기가 아기자기한 삽화처럼 끼어 있다. 시대의 아픔을 아름다운 사랑으로 위로하는 균형감각은 '신의 한 수'라는 평가를 받을 만하다는 생각을 하게 했다. 세월이 흐르고 돌아보면 남는 것은 거대한 의미가 아니라 소소한 순간들인 것이다. 왜 젊은 날의 나에겐 저런 것들이 하나도 보이지 않았을까? 내가 타이완으로 유학을 간 것이 1980년이다. 광주의 5·18을 지켜본 내가 타이완에서 접한 2·28 사건은 내 마음을 더욱 어둡게 만들었다.

지우펀 관광 다음 날 타이베이에 있는 2·28 평화공원을 방문해 타이완 정부가 공식적으로 이 사건을 사죄하여 하나의 거대한 역사적 고리가 풀렸음을 알게 되었다. 오랫동안 무거운 마음으로 2·28 사건을 생각해 왔는데 마음이 한결 가벼워지는 것 같았다.

  지우편을 떠나며 다시 지룽 바닷가를 바라보았다. 한국이 그리울 때마다 찾아오던 이 바닷가는 몰라보게 화려해졌다. 나도 어둠 속을 헤매는 것 같던 그 시절과 홀가분하게 헤어졌다. 그 시절의 무거움을 떠나보낸 자리에 지우편과 지룽 바닷가의 아름다운 풍경을 가슴 가득 품고 돌아왔다.

웃음소리

가끔 집 근처의 아파트 뒷길을 걷는다. 계절마다 변색하는 그 길에 들어서면 자연의 변화가 금방 감지된다. 4월의 자연은 아름다웠다. 연두색의 향연이다. 아직 농익지 않은 나뭇잎들은 모두 연두색의 여린 잎들이다. 바람에 한들한들 흔들거리는 연둣빛 손바닥들이 나에게 '이리 오세요.' 하고 손짓하는 듯한다. 한참을 보고 있으니, 나뭇잎들도 나를 보고 웃는다. 웃는 모습도 여러 모양이다. 그 모습에 취하여 넋을 놓고 있는데, 어디에선가 웃음소리가 들린다.

화사하게 웃는 웃음소리가 창유리에 부딪쳐 햇빛처럼 반짝인다. 밝은 모습의 사람들이 해맑게 웃고 있다. 몸짓도 여러 가지다. 꺄르르 머리를 젖히고 입을 크게 벌리는 사람도 있고, 옆 사람과 마주 보고 눈으로 웃는 사람, 심지어 옆 사람의 팔을 끌어당기며 웃는 사람도 있다.

　웃음이 무엇인가. 사람의 마음이 표정이나 소리로 나타나는 것이다. '하하' '호호' '깔깔'… 그 많은 동물 가운데 사람만 웃는단다. 웃는 모습은 누구나 예쁘다. 그 소리는 또 얼마나 투명한가.

　버스는 철원의 들판을 달리고 있다. 강원도 문학탐방에 참여하였다. 늦가을쯤이었는데 날씨가 화창하고 햇살이 따뜻했다. 자신을 소개하는 시간이 되어 마이크가 차례로 돌아가고 있었다. 지방에서 오신 선배님이 자신의 이야기를 했다. 인생의 고비마다의 신산함이 느껴졌다. 그러나 목소리는 맑고 청아하였다. 거기에다가 깔깔거리며 웃고 있었다.

　다음 분도 그랬다. 중병을 앓으며 죽음 근처까지 갔었던 시간을 고백하는데도 웃음을 잃지 않는다. 다음 분도 그랬다. 삶이 그렇게 만만치 않은지, 그분의 삶에도 쓸쓸함이 느껴졌다. 그러나 그분들의 웃음은 차창 밖의 햇살처럼 눈부셨다. 그분들의 웃음이 잊히지 않는다.

　귀경길에 마장호수 출렁다리를 건너게 되었다. 나이가 드신 선배님도 용감하게 출렁다리 관광에 나섰다. 나는 조심스럽게 뒤를 좇았다. 여차하면 부축이라도 해야지 하는 마음으로. 단풍이 엷게 물든 마장호수의 출렁다리는 날씬한 폼으로 맞은편 골짜기까지 쭉 뻗어 있었다. 연세가 있으신 선배님이 용감하게 출렁다리로 들어섰다. 내가 조심스럽게 선배님의 팔을 부축했다. 그분이 나를 힐끔 보시더니, 괜찮다며 내 손을 뿌리치셨다. 내 손이 머쓱했다.

"난 할 수 있어. 걱정하지 마, 앉아만 있으면 뭐 해? 두드려야 문이 열리지." 그러고는 호숫가가 출렁일 정도로 웃어 젖혔다. 몸이 구부정한데 웃을 때는 한껏 허리를 펴고 웃었다.

조심조심 걷는다 해도 중간쯤에서는 대열이 흩어지며 여기저기서 쩔쩔매는 모습이 보였다. 그때 한 선배님이 용감하게 출렁다리 중간쯤에서 사진을 찍어달라고 폼을 잡으셨다. 조심하라는 나의 부탁에 한마디 하셨다.

"나는 롤러코스터 같은 스릴을 즐겨요."

화사한 웃음이 계속되었다.

수필 쓰는 사람들은 흔히들 '수필을 쓰면서 삶을 비운다'고 말한다. 그날 선배님들의 웃음소리를 들으며 나는 수필이 삶을 비우게 하는 게 아니라 삶을 비운 이들이 수필을 쓸 수 있는 것이구나, 생각하게 되었다. 그분들의 웃음은 햇빛에 부서지며 경쾌함만 남겼다. 저리 웃을 수 있기에 삶이 가벼워진 것일까, 삶을 비웠기에 저렇게 웃을 수 있는 것일까. 외로움도 쓸쓸함도 두려움도 괴로움도 모두 내려놓은 웃음소리가 내 마음을 온통 밝혀주었다.

삶을 비운다는 것은 무엇인가. 노자老子『도덕경道德經』4편에 '빈 그릇' 이야기가 생각난다. "도道는 빈 그릇이다."

『노자』에서 도는 우주의 본질이고 천지 만물의 변화를 말한다. 도가 '빈 그릇'이라는 것은 눈으로 볼 수 없고, 귀로 들을 수 없고, 손으로 잡을 수도 없는 것이라는 뜻이다. 그러나 거기에는 우주의 모든 것이 담겨 있다. 그러니 도는 큰 그릇인 것이다. 큰 그릇은 무거우면 안 된다. 가벼워야 한다. 돈, 명예, 소유 같은 것은 무거운 것이다. 욕심은 내려놓아야 가벼워진다.

삶은 비워내야 한다. 비운다는 매력적인 말 앞에 자꾸 서성인다. 매력적인데 참 힘든 일이다. 나는 왜 수필을 쓰려는가, 요즘 들어 자꾸만 묻고 또 묻는다. 내가 늦은 출발로 수필가가 된 것은 내 인생에 무언가를 보태려는 것이 아니다. 비우고 내려놓기 위한 것이다.

수필을 쓰는 시간은 나를 향한 성찰의 시간이 된다. 나는 지금 어디로 가고 있는가. 지난 과거와 현재 그리고 미래를 바라볼 수 있어야지 수필을 쓸 수 있다. 수필은 나를 이야기하는 문학이니까. 나의 고백이니까. 그런데 나의 삶은 성찰할수록 버려야 할 무거운 짐들로 가득 차 있는 것을 알게 된다.

  웃고 있는 연둣빛 나뭇잎들을 다시 바라본다. 웃음은 언제나 기분 좋은 것이다. 연둣빛 터널을 걸어오는 어느 가족에게 나도 웃음으로 인사를 한다. 유모차를 타고 있는 아기가 나에게 손을 흔들어준다.

  선배 수필가들의 해맑은 웃음소리가 연둣빛 나뭇잎들 사이에서 다시 들려온다. 그 웃음소리를 들으며 남은 내 인생의 여정이 그려졌다. 빈 그릇의 웃음. 비어 있는데 꽉 찬 그 안에는 외로움도 없고 두려움도 없고 화사한 웃음만 가득하리라.

  모든 것을 내려놓은 웃음이야말로 진정한 웃음이다.

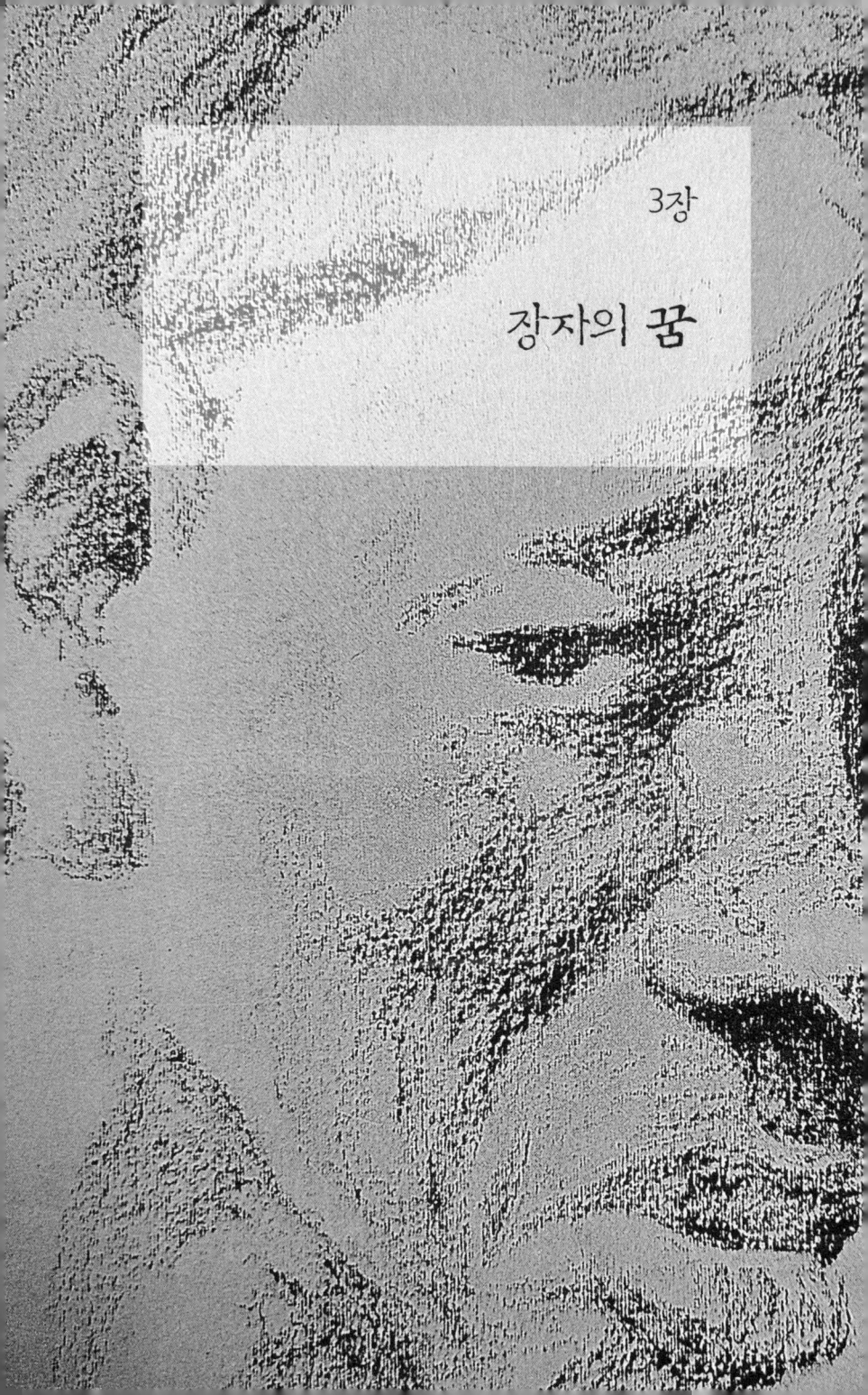

3장

장자의 꿈

퉁소 소리

연구실에 도착하자마자 컴퓨터를 열었다. "퉁소 소리"라는 메일 제목이 맨 먼저 눈에 들어왔다. 누가 보낸 것일까? 열어보니, 어제 수업의 한 학생이 보낸 것이었다.

교정에서는 축제가 한창이다. 제시간에 출석한 학생이 별로 없다. 시작 시간이 지나서 슬금슬금 들어오는 학생들을 보니 정신이 온통 축제에 가 있는 이 젊고 발랄한 학생들과 함께 무슨 수업을 어떻게 진행해야 하나 난감해졌다. 그날 수업의 예정된 내용은 소동파蘇東坡의 「적벽부赤壁賦」다. 조정에서 폄적貶謫당하여 황주黃州에서 유배 생활을 하며 힘든 시기를 보낼 때 창작한 글이다. 인생무상과 함께 초연한 달관의 인생관이 전개되는 작품이다. 미래에 대한 꿈과 희망이 가득한 학생들의 가슴에 얼음물을 끼얹듯이 '초연함' '달관' 등의 철학 용어를 설명하려니 힘들었다. 수업이 끝나고도 마음이 찜찜했다.

그런데 바로 그다음 날로 "퉁소 소리"라는 제목의 메일을 받은 것이다. 슬픈 퉁소 소리는 「적벽부」를 이해하는 중요한 열쇠다. 아! 이 학생은 「적벽부」를 이해하고 있구나.

소동파는 당송팔대가 중의 한 사람으로, 그의 대표작 「적벽부」는 중국 고전산문 중에서도 가장 먼저 꼽히는 작품이다. 황주에서 유배생활을 하던 동파는 임술년(1082) 가을, 성 밖의 적벽 강가에서 여러 사람들과 함께 뱃놀이를 하였다. 「적벽부」는 이때 지은 것이다. 7월에 지은 것은 전적벽부이고, 10월에 지은 것은 후적벽부이다. 세상에 많이 알려진 「적벽부」는 전적벽부다. 「적벽부」는 세 단락으로 나뉜다. 첫 단락은 적벽 강가에서 객들과 뱃놀이를 하며 자연의 아름다움을 노래하는 부분이다. 두 번째 단락은 객과 동파의 문답 형식의 글이다. 객은 슬픈 퉁소 소리와 함께 인생의 무상함을 이야기하고, 동파는 초연하고 달관적인 인생관을 피력하는 내용이다. 그리고 마무리 단락으로 이어진다.

두 번째 단락에 「적벽부」의 주제가 드러나 있다. 동파가 퉁소 소리를 듣고 "어찌하여 퉁소 소리가 그리도 슬픈가?" 하고 물으니 객이 대답하였다.

"달이 밝으니 별이 드문데 까막까치가 남쪽으로 날아가네. 이것은 삼국시대 조조의 시가 아닌가? 서쪽으로 하구를 바라보고 동쪽으로 무창을 바라보니 산천이 서로 얽혀 울창하여 검푸르도다. 이곳이 바로 조조가 주유에게 곤란을 당했던 곳이 아닌가? 바야흐로 형주를 격파하고 강릉으로 내려와 물결을 타고 동쪽으로 갈 때에 배는 천 리에 꼬리를 물고 깃발은 하늘을 가렸네. 술 걸러 강가로 나아가 창을 빗겨 들고 시를 읊으니 진실로 한 세상에 영웅이었는데 지금은 어디에 있는가. 우리네 인생이 잠깐임을 슬퍼하고 장강이 끝없음을 부러워하여, 날아다니는 신선을 끼고 노닐며 밝은 달을 안고서 길이 마치려 하지만 대번에 취할 수 없음을 아노니, 여운을 슬픈 바람에 부치노라."

천하를 호령하던 영웅들도 때가 되면 먼지처럼 사라진다. 이 얼마나 허무한 일인가? 조조曹操도 주유周瑜도 일세의 영웅이었지만 지금은 흔적도 없다. 인생이란 대체 무엇이란 말인가? 황주의 적벽 강가에서 뱃놀이를 하던 객은 적벽이라는 이름에서 적벽대전赤壁大戰을 연상하며, 조조와 같은 영웅의 삶도 잠깐 스쳐 지나가는 한순간이었음을 탄식한다. 객은 '인생무상'의 슬픔을 느꼈다. 그리하여 통소 소리가 그토록 슬픈 것이다.

동파의 답변이 이어진다.

"객은 저 물과 달을 아는가? 흘러가는 것은 이와 같이 쉼 없이 흘러가나, 아주 가버려 없어진 적은 없고, 달도 차고 이지러지는 것이 저와 같으나, 결국 사라지거나 자라나지는 않았네. 변한다는 관점에서 보면 천지도 일순간을 멈추어 있지 못하지만, 변하지 않는다는 관점에서 보면 만물과 내가 무궁하다네."

우주 만물을 변하는 측면, 즉 동적인 개념으로 본다면 어느 것 하나 그대로 가만히 있는 것이 없다. 강물은 끝없이 흘러가고, 달도 차고 기우는 것을 반복한다. 그러나 언제나 거기에 변함없이 존재하고 있다. 이것은 우주 만물의 표면적인 변화를 나타내는 것이다.

변하지 않는다는 관점에서 본다는 것은 우주 만물을 본질적 측면에서 탐구하는 것이다. 천지 만물을 오직 하나의 근원이고, 삶과 죽음이 따로 없으며, 그 생명 또한 무한하다는 것이다. 장자莊子 제물론齊物論의 만물 평등사상이 투영되어 있다. 도가에서의 도의 관점이란 우주적 관점이다. 우주적 관점에서 보면 인간과 자연은 하나인 것이다. 사람이 우주 속에서 자연과 융화된 경지인 것이다. 동파는 '인생무상'의 화두에서 벗어나 초월적 인생관을 이야기하고 있다.

슬픈 퉁소 소리에는 유배지의 고통이 스며 있다. 당시 동파는 황주에서 유배 생활을 하고 있었다. 왕안석王安石을 중심으로 한 신법파 新法派들과 정치적 주장이 엇갈려 그들의 모함으로 북송 원풍3년(1080) 황주로 유배되었다. 직책이 있긴 했지만 아주 낮은 벼슬이었다. 생활이 빈곤했다. 동파육東坡肉이라는 중국요리도 이때 동파가 개발한 요리였다. 값싼 돼지고기를 사서 푹 고아 먹었다고 한다. 녹록하지 않았던 황주 생활이 짐작된다.

인생의 실패와 고난 속에서 정신세계는 더 초연해지는 것인가. 그는 조정으로부터 버림받고 힘든 유배 생활을 하면서도 인생무상의 허무함에 빠지지 않았다. 자신의 운명과 사람을 원망하지 않았으며, 대자연 속에서 유가와 불가 도가의 서적을 섭렵하였다. 그리하여 우주적이고 거시적이며 초월적인 인생관을 정립하게 되었다.

'거시적巨視的 인생관'은 「적벽부」를 설명하는 중요한 주제이다. 거시적 관점에서 본다면 죽음은 무엇이고 삶은 무엇인가. 어느 것이 옳고 무엇이 그른가. 어느 사람이 예쁘고 누가 추한가. 인간과 자연을 저 광활한 우주에서 바라보면 하나의 아름다운 자연일 뿐이다. 자신이 당하고 있는 불운조차 작은 티끌처럼 의미가 없다고 느꼈을 것이다.

중국 시안西安를 여행한 적이 있다. 그곳에서 수학여행 중이던 중국 학생들을 만난 김에 한 학생에게 물어보았다. 중국문학 중에서 어느 작품을 가장 좋아하느냐고. 그러자 그 중학생은 그 자리에서 소동파의 「적벽부」를 암송했다. 중학생의 목소리로 소동파의 문장을 들으니 감동이 밀려왔다. 중국의 민족성을 이야기할 때 사람들은 무턱대고 '대륙적 기질'이라는 표현을 내세운다. 하지만 그 말이 의미하는 바를 체험하는 일은 흔치 않다. 광활한 대지를 배경으로 전통문학의 오랜 문장들을 몸에 새기며 살아온 중국인들의 내면을 느낄 때면 나는 알 수 없는 감동에 젖는다.

밖에서는 축제가 한창 무르익어 가고, 강의실은 어수선한 분위기였다. 그러나 시간이 지나면서 점차 학생들의 눈동자가 초롱초롱 빛나며 집중하는 것이 느껴졌다. 학생들은 중국문학을 좋아해서 공부하는 것이 아니다. 유혹을 뿌리치고 어려움을 견디며 낯선 세계를 받아들이느라 힘이 드는 시간을 묵묵히 견딘다. 그러다 보면 어느 순간 이해하고 사랑하게 된다. 그러면서 자기도 모르게 인생과 역사를 바라보는 안목이 넓어지고 깊어진다.

'퉁소 소리' 메일을 보냈던 그 학생은 졸업 후에 △△전자에 입사해서 초기 한중교역의 중심에 서게 되었다. 입사한 지 몇 년인가 지나서 연락이 왔다. 중국 청두成都시의 △△전자 지사장으로 간다는 것이다.

"프린터 한 대만 들고 청두로 가요."

처음에는 황당했다. 아직 미혼의 그네가 걱정이 되었다. 더구나 청두시는 중국 내륙의 아주 먼 곳이다. 그러나 나는 고개를 끄덕였다. '너는 잘할 수 있다'고 박수를 보냈다. 왜냐면 그녀는 중국을 알고 중국을 사랑하기 때문이다.

청춘의 덫

청춘이라는 말은 참 무겁다. 내게 청춘은 무거운 구름이 드리운 나날이었다. 이제 많은 시간이 흘러서 그 옛날의 청춘은 정말 아득한 먼 곳처럼 느껴진다. 어찌 보면 반짝반짝 빛나던 시간이기도 했다. 가슴이 꿈으로 가득 찼으니까. 사람들은 그것만 생각하려고 한다. 그러나 사실 앞길이 막막해 가슴이 허허벌판이었던 시간이었다. 일생에 가장 어려웠던 시기가 아니었나, 싶다.

내가 대학 다니던 시절은 1970년대였다. 중문과 출신 여대생의 취업 자리는 보이지 않았다. 계절마다 계엄령이 선포되었다. 시대는 암울했고 젊음의 앞길도 캄캄했다. 아니, 사람들은 모이면 그런 말을 했다. 공적으로나 사적으로나 도무지 앞이 안 보인다고. 우리는 늘 앞날을 걱정했다. 졸업하면 뭘 하나? 희망이 없었다. 교사 자격증이 나오느냐가 궁금했다. 그 시대 우리 또래에게는 교사 자격증에 대한 환상이 있었다. 가장 안정된 직업이라 여겨진 것이 교사였기 때문이다. 그러나 우리 학과는 창설 초기여서 교사 자격증이 보장되지 않았다. 아버지는 내가 글을 쓰고 싶어 한다는 걸 아시고는 교사 자격증을 받아야 한다고 하셨다. 작가가 되려는 꿈을 지지하시면서도 줄곧 안정된 직업이 있어야 한다고 하셨다. 방학이 되어 고향에 가면 아버지는 어김없이 교사 자격증을 받을 수 있는지를 물으셨다.

졸업을 앞둔 늦가을쯤 학과장님이 과사무실로 나를 호출하셨다. 권덕주權德周 교수님. 중국 예술과 미학에 연구 업적이 많은 전형적인 학자이셨다.

"자네는 공부를 계속해 보는 게 어떤가?"

교수님은 학과 조교 업무를 맡기시며 대학원 진학을 권유하셨다. 이곳저곳을 허방지방 헤매는 내 발걸음을 지켜보셨던 것 같다. 교사 자격증은 안 나오고 대학원에 간다고 뾰족한 수가 있는 것도 아니었다. 그 무엇도 확실한 게 없는 상황에서 내가 할 수 있는 건 그저 내 앞에 다가온 일에 충실하는 것뿐이었다.

학과 일을 처리하며 대학원 수업을 병행하는 것이 힘이 부쳤다. 연구실에서 자는 날도 많았다. 교수님 원고를 정리하고 학회 일도 거드는 등 바쁘게 지내면서 점점 힘이 붙는 것이 느껴졌다. 아무것도 보이지 않던 어두운 들판을 홀로 말을 타고 달리는 기분이었는데, 점차 그 모든 일에 달콤함을 느꼈다.

　중국 고전문학도 좋았고, 중국 현대문학의 여러 작품도 좋았다. 특히 루쉰魯迅, 마오둔茅盾, 바진巴金, 라오서老舍 등의 작품에 심취되어서, 교수님께 현대문학에 대하여 논문을 쓰겠다고 말씀드렸다. 그러나 그 연구 계획서는 좌절되었다. 문교부의 허가를 받지 못했다. 1970년대 후반에 중국의 현대문학은 한국에서 연구하면 안 되는 것이었다. 사회주의 문학이라는 이름으로 금지되어 있었기 때문이다.

　"자네가 소설에 관심이 많은가 본데 현대소설 연구는 쉽지 않으니, 중국 소설의 시작이 되는 당대 소설을 연구해 보게나."

　교수님이 또 새로운 길을 제시해 주셨다. 언제나 하나밖에 생각 못하는 내게 교수님의 조언이 길을 밝혀준 것이다. 석사논문을 끝내고 또 망연한 미래의 불안에 휩싸여 있을 때도 마찬가지였다. 교수님이 내민 서류 하나가 내 인생을 바꿔놓을 줄 그때는 미처 알지 못했다. 그건 '대만 유학 장학생 모집'이라는 문서였다.

내가 석사논문을 끝낸 시점은 1979년이었다. 1976년에 마오쩌둥이 죽고 문화대혁명은 끝나가고 있었으며 덩샤오핑의 등장으로 개혁 개방 노선이 확립되어 1979년에는 미국과 중국의 공식 수교가 이루어졌다.

당시 타이완은 장제스蔣介石의 아들인 장징궈蔣經國가 총통이었다. 한국의 박정희 대통령은 장제스와 우의가 깊었으므로 대만과의 수교를 유지하고 있었다. 정치적 우정을 지켜준 한국에 대한 고마움의 표시였나? 타이완 국민당 정부에서 주는 한국 유학생 장학금은 큰 액수였다. 그때 장학생으로 선정되어 국립타이완사범대학國立臺灣師範大學 중문과 박사과정에 입학했다.

내 논문 지도교수였던 엽경병葉慶炳 교수님은 중국문학을 공부하는 학생들의 필독서였던 학생서국學生書局의 『중국문학사』의 저자이셨다. 국립타이완대학國立臺灣大學 중문과 주임교수로서 명망이 높았던 그분은 체구는 작았지만 온화한 얼굴에 냉정함과 인자함을 함께 지니고 계셨다. 논문 지도를 받기 위하여 매주 찾아뵐 때마다 수정할 부분을 치열하게 지적하시면서도, 목소리는 항상 따뜻하셨다.

어느 날 원고를 쓰느라 잠을 못 자고 교수님 연구실에 들어섰다. 따뜻한 찻잎을 자사호紫沙壺에 넣어 탁자 위로 가져오는

第一節、主題

一、人生若夢

唐傳奇中有一部分反映士大夫追求功名利祿幻滅的作品。這種作品含有批判現實的意義，如《枕中記》與《南柯太守傳》宣揚了人生若夢的消極思想。先不論他的局限，這種作品的出現，與當時政治黑暗，黨爭迭起，宦官專權，許多封建文人對現實感到空虛幻滅有關，同時也受到了佛道思想的影响。但對封建社會宦海沉浮和醉心功名利祿醜惡現象的揭露，還是有一定積極意義的。

교수님 모습을 보는데 울컥 울음이 나왔다. 한참 동안 울고 있는 나의 모습을 보시더니 '왜 그러느냐'고 물으셨다. 할 말이 없어서 '한국에 있는 딸이 보고 싶어서 운다'고 했다. 그 뒤로 교수님은 만날 때마다 나의 얼굴색을 살펴보셨다. 매번 "딸은 잘 있니?" 하고 물으셨다. 논문 심사가 끝나고 복도에서 결과를 기다리고 있는데, 교수님이 문을 벌컥 열고 나와 다급하게 말씀하셨다. "빨리 가서 전화해라. 딸한테 논문 통과했다고 전해."

긴 시간 교수님께 보살핌을 받았건만 나는 짧게 인사만 드리고 급히 귀국했다. 다음에 시간을 내어 딸의 손을 잡고 교수님을 찾아뵙겠다고 약속했지만 물론 약속은 지켜지지 않았다. 중요한 일은 항상 뒤로 밀어두는 어리석음은 무엇으로 설명할 수 있나.

몇 년이 지난 후에 교수님의 별세 소식을 들었다. 폐기 안 좋으시다는 이야기를 풍문으로 들었는데, 폐암으로 돌아가셨다는 것이다. 교수님께서 빨간 볼펜으로 수정해 주신 원고는 깨끗이 제본되어 지금도 내 서재에 보관되어 있다. 내 젊은 시절의 훈장이다. 힘든 유학 시절에 학문이 무엇인가를 가르쳐주시고, 가족과 떨어져서 논문을 쓰느라 애를 먹는 외국 학생의 처지를 이해해 주시고 격려하시던 그분의 엄격함과 자상함이 지금도 내 가슴에 남아 있다.

시절마다 나를 붙든 금과옥조金科玉條가 있었다. 불확실한 미래 앞에 연약하게 흔들리는 청춘을 향해서 건네지는 말들이 있었다. 작가가 되고 싶으면 교사 자격증이 있어야 한다는 아버지의 말이 잘 이해가 안 되면서도 그 걱정하는 말씀에 내 마음이 흔들렸다. 내 마음도 같이 거기 붙들렸지만 내 길은 그것과는 전혀 다른 곳으로 흘러갔다. 엄격한 교수님들에게 공부를 점검받던 그 오랜 시간 동안 내 젊음이 온통 소진되었다. 하지만 그렇게 불안하던 시간들은 어느새 내 삶을 지탱하는 기둥이 되어주었다. 덫이라 여겼던 것들은 어쩌면 내 삶의 디딤돌이었다.

혼자 서는 법을 알지도 못하면서, 혼자 걸어본 적도 없으면서, 인생은 혼자 걸어가는 외로운 길이라고만 생각한 나는 참으로 딱한 청춘이었다. 대학을 졸업하고 취업이 안 되어 갈 길이 막막할 때, 내 힘으로 할 수 있는 것이 없어 시내 곳곳을 밤마다 걸었다. 햇빛은 영영 비추지 않을 듯이 좁고 어두운 길을 겁도 없이 걸어 다녔다. 가장 힘들었던 건 그 절망감이 계속될 것만 같은 불안함이었다. 하지만 그것은 어리석은 내 좁은 소견이 일으킨 착각이었을 뿐이다. 인생의 길은 넓고 내가 걸어야 할 길은 끝없이 펼쳐졌다. 인생에서 만난 좋은 스승과 친구들은 어찌 생긴 것인가? 내가 계획한 일은 하나도 없었다. 특히 두 분의

지도교수는 내 인생의 든든한 나침반이었다. 작가로 살아가려면 교사 자격증은 반드시 가져야 한다고 말씀하신 아버지의 뜻을 제대로 헤아리는 데는 오랜 시간이 걸렸다. 아버지의 노심초사는 딸이 글 쓰는 일을 포기하지 않고 해나가기 위해서는 우선 경제적으로 자신을 지킬 수 있는 힘을 가져야 한다는, 지극히 현실적인 전망이었다. 그 꿈은 나도 모르는 사이 이루어졌다.

약하고 힘이 없고 소견이 좁았던 내 청춘에 여러 사람의 힘이 쏟아 부어졌다는 걸 이제는 안다. 내 길은 나 혼자 열 수 있는 것이 아니라는 걸 그때 알았다면 무엇이 달라졌을까. 지금의 젊은이들을 힘들게 하는 '청춘의 덫'도 그 시절 나의 것과 같은 무게, 같은 빛깔일까 생각하면 안타까울 뿐이다.

오봉선烏蓬船 위에서 만난 사람

"오봉선을 타세요."

항주와 소흥 여행을 떠나는 날 아침에 후배가 전화했다. 여행 잘 다녀오라는 안부 전화였다. 오봉선을 타라는 말에 그제야 소흥에 간다는 실감이 났다. 예전에 몇 번이나 소흥을 여행할 기회가 있었지만 어쩐지 매번 무산이 되곤 했다. 그러던 차에 문학기행의 여정이 항주와 소흥으로 결정되었다는 소식을 듣고 어찌나 기쁘던지……. 떠나는 날 아침에는 가슴이 울렁울렁했다. 드디어 루쉰魯迅을 만나게 되는구나, 싶어서다. 소흥은 내 젊은 날의 우상이었던 루쉰이 태어난 곳이다.

첫날은 항주를 관광하고 둘째 날 소흥으로 향했다. 먼저 소홍의 유명한 호수인 동호에 들렀다. 항주에 서호가 있다면 소흥에는 동호가 있다. 동호에는 깎아지른 듯한 암벽이 많은데 과거에 채석장이었다고 한다. 그런 곳에 물길을 내어 호수로 만든 것이다. 암벽 밑으로 배들이 떠 있다. 오봉선이다. 청나라 말기의 소흥 지방에서 매우 중요한 교통 수단이었던 이 배는 비바람을 피하기 위해 검은 색 천을 씌웠는데 그 모습이 까마귀 같아서 오봉선이라는 이름이 붙었다. 뱃사공이 한 발과 한 손으로 운전하는 모습만 봐도 시간 가는 줄 모르게 재미있다. 루쉰의 작품에도 오봉선이 자주 등장해서 더욱 친근감이 느껴졌다.

호수 중앙에 이르니 오봉선이 더 많이 보인다. 옆으로 지나가던 배 위의 사공 하나가 나를 보고 웃는데 깜짝 놀랐다. 영화 〈아큐정전〉에서 아큐가 썼던 오전모烏氈帽를 쓰고 있는 그는 영락없는 아큐였다.

마음속 그리움이 나타내는 환시인가? 동호에서 오봉선을 타고 아큐를 만나다니……. 루쉰은 내게 각별한 인물이다. 중국 문학을 전공한 나는 도중에 진로를 변경할 생각을 했다. 너무 어려워서 앞일이 막막했던 것이다. 하지만 대학원에서 루쉰 문학 강의를 듣고 마음을 바꾸었다. '중국 민족의 정신 개조'라는 그의 문학적 동기에 매력을 느꼈다. 나는 젊었고, 루쉰의 문학은 내가 걸어가고자 하는 문학이라는 도정에 근사한 깃발이 되

어주었다. 그렇게 해서 나는 결국 중국문학을 가르치는 사람이 되었다. 어느 날은 오전에 「아큐정전阿Q正傳」 강독을 하고, 오후에는 〈루쉰 문학 세미나〉를 했다. 루쉰으로 시작해서 루쉰으로 끝나는 하루하루가 이어졌다. 그 옛날의 나처럼 중국문학을 그만둘까 생각하던 학생들이 다시 눈을 반짝이는 것을 여러 번 보았다. 루쉰 문학의 매력은 대단했다.

어느 해 스승의 날에 학생 하나가 루쉰의 초상화를 내게 선물하였다. 스포츠형의 짧은 머리에 수염을 기른 모습이었다. 자세히 보니 '1930년 9월'이라는 날짜가 보였다. 1930년이라면 혁명문학 논쟁이 끝날 즈음이다. 그의 일생에서 가장 힘든 시기였다. 그래서일까, 형형한 눈빛과 꾹 다문 입 모양이 흡사 투사의 모습이다. 연구실 탁자 위에 초상화를 세워 두고 수업에 들어가기 전에 한번 쳐다보고, 수업이 끝나면 다시 보았다. 그만큼 루쉰은 내게 가까이 있었다. 젊은 시절의 내게 그의 존재는 위로이자 힘이었다. 그를 잘 이해하는 것이 나의 목표이자 희망이었다. 어느 날, 옆방 교수님이 방문해 탁자 위의 루쉰 초상화를 보더니 "남편이에요?" 하고 물었다. 자초지종을 이야기했더니 배꼽을 잡고 웃었다. 젊은 날의 추억이다.

당초 계획은 소흥의 루쉰 고거故居에 도착하면 백초원을 거닐고 싶었다. 함형주점에서 소흥주 한잔을 마시고 싶었다. 그곳에서 작품 속의 공을기孔乙己를 만나길 기대했다. 그리고 루쉰에게 묻고 싶었다. 시대의 위선을 어찌 그리 정확하게 꿰뚫어볼 수 있었느냐고, 공을기 같은 위선자를 어찌 그리 멋있는 해학과 풍자로 표현할 수 있었느냐고, 나에게도 한 수 가르쳐 달라고 부탁하고 싶었다. 루쉰은 붓을 붙잡고 시대를 뒤흔들었다. 지금의 나 역시 펜을 붙들고 있다. 그러나 무엇을 써야 하는가 하는 질문에 오랜 기간 답을 구하지 못하고 있다.

동호에서 오봉선을 타고 아큐를 만난 것이 잊히지 않았다. 루쉰에게 하고 싶었던 내 질문에 대해 그가 보내준 답은 아니었을까? 오봉선의 아큐를 통해 내게 무얼 말하려 했을까. 동호에서 소흥으로 가는 버스에서 곰곰이 생각해 보았다. 루쉰의 아큐는 '힘없고 나약한 중국 민중의 상징'이다. 가슴이 벅찼다. 해답이 너무 컸기 때문이다. 그러나 나는 꿈꾸기로 했다. 힘없고 나약한 영혼을 위해 쓰고 싶다. 마음은 무겁지만, 발걸음은 새털처럼 가벼워졌다.

붉디붉은 그대

1994년 7월, 베이징대학과의 연합학술대회를 위해 베이징으로 가고 있었다. 베이징까지 직항 노선이 없어서 텐진天津공항에서 내려 버스 편으로 가야 했다. 30년 전의 일이다. 텐진에서 베이징까지 가는 길에 차량 하나 보이지 않았다. 오직 우리 버스만 내처 달리고 있어 기묘했다. 베이징 시내에 도착하니 시내가 온통 컴컴했다. 건물 안에서 흘러나오는 불빛이 도로를 비출 때마다 웃통을 벗은 사람들이 보였다. 그들은 길에서 무방비 상태로 잠들어 있었다. 베이징 시내에서 만난 웃통 벗은 남자들의 실루엣에 대한 나의 감정은 두려움이었다. 그들의 힘이 느껴졌다. 중국의 넘쳐나는 노동력이라는 힘 말이다.

1990년 초에 보았던 영화 〈붉은 수수밭〉에서도 비슷한 감정을 느꼈던 게 기억이 났다. 주인공 구아九兒가 나이 많은 양조장 주인에게 시집가는 날, 곱게 단장을 하고 붉은 가마를 탔는데 웃통을 벗은 가마꾼들이 그걸 메고 황톳길을 하염없이 걸어갔다. 그 장면이 뿜어대는 중국의 에너지에 나는 정신이 다 혼미해질 지경이었다.

나는 중국을 그리 낙관적으로 보지는 않았다. 1949년 이후 덩샤오핑鄧小平 시대의 영화나 문학은 얼마나 교조적이었나? 노동자·농민·병사의 생활만을 다루기를 고집하던 사회주의현실주의 문예는 문화대혁명을 겪으면서 문학 자체를 거부하기에 이르렀다. 이제 덩샤오핑이 실용주의의 기치를 내걸며 새로운 시대로 접어들었다고 하는데, 과연 그 암흑기를 극복할 수 있을까 회의적이었다. 그러면서도 중국의 억눌림이 곧 무엇을 분출시킬지 모른다는, 막연한 예감이 있었다. 기대감과 두려움이 뒤얽힌 복잡한 감정이었다. 1978년 덩샤오핑의 4개 현대화 이후에도 중국의 문예부흥은 길을 찾지 못하고 있다며 중국의 문화예술에 대해 막연하게 부정적인 느낌을 갖고 있던 내 생각을 완전히 뒤바꾼 인물이 나타나고 말았다. 바로 장이머우張藝謨라는 예술가였다.

장이머우는 중국의 5세대 감독이다. 덩샤오핑의 개방정책에 힘입어 중국영화의 새로운 모습을 세계무대에 보여준 이들을 그렇게 불렀다. 베이징영화학교 78학번이 주축인 이들은 청소년 시기에 문화대혁명을 경험했다. 이 시기에 하방下放의 경험으로 중국의 민중 생활을 체험했다. 이들은 이데올로기를 믿지 않는다. 국가의 이념보다 인민의 삶에 관심이 많다. 서구영화의 도식을 따랐고, 소련영화의 범주에 속했던 중국영화를 이들은 자신들의 것으로 만들었다.

장이머우는 아버지와 아버지 형제들이 국민당 출신이어서 문화대혁명 시기에 집안 전체가 심한 고초를 겪었다고 한다. 1966년에 고등학교를 졸업한 장이머우는 문화대혁명 때에는 벽지 농촌으로 하방되어 노동개조 현장에서 일했다. 1971년에 염색공장으로 일자리를 옮겼을 때 카메라와 인연을 맺게 되었다. 염색공장체험을 하고, 카메라를 들고 틈만 나면 산과 들로 다니며 자연을 카메라에 담은 것이 그를 '색채 마술사'로 만들었는지도 모른다.

초기영화에서 보여주었던 그의 붉은색은 메시지 그 자체였다. 〈붉은 수수밭〉(1988)과 〈홍등〉(1991)은 구아와 송련이라는 여성주인공들을 통하여 중국 봉건시대에 억압받는 여성의 문제를 다루었다. 1976년 마오쩌둥毛澤東의 사망과 더불어 문화대혁명이 끝나고, 실용주의파인 덩샤오핑鄧小平의 4개 현대화 선언과 함께 문학체제의 예술성과 제재의 다양성이 허용되자 봇물 터지듯이 사랑과 욕망이 스크린을 뚫고 나왔다. 사회주의현실주의 문학에서 터부시하던 사랑에 대한 묘사는 급기야 종욕주의로 표현될 정도로 번성하여 일군의 성문학性文學이 출현한다. 1980년 중반에 이르면 중국정부가 당시의 문단 상황을 비판하며 정신오염추방 운동을 시작할 정도다. 심근문학尋根文學이라는 이름의 중국전통문화의 뿌리 찾기 운동의 영향 속에서 장이머우가 찾아낸 중국의 색이 붉은 색이었을 것이다. 장이머우는 붉은색을 편애한다. 중국에서 붉은색은 힘의 색, 생명의 색, 그리고 행운의 색이다. 오성홍기伍星紅旗라고 부르는 중국의 국기 또한 붉은색이 바탕을 이룬다. 붉은색은 곧 중국을 상징한다. 설날에는 아이들에게 붉은 옷을 입히고 붉은 봉투에 돈을 넣어 준다. 〈붉은 수수밭〉의 구아처럼 붉은 옷을 입고, 붉은 신을 신고, 붉은 머리핀을 꽂고 붉은 가마를 타고 시집을 간다. 황톳길을 붉은 가마가 지나는 행렬은 중국 풍습의 힘이자 희망의 상징이다. 〈붉은 수수밭〉의 마지막 장면은 붉은 색의 향연이다. 구아가 죽은 후 여점오 부자가 붉은 태양 앞에 서 있는데 전체 화면이 붉은 색의 바다를 이룬다. 붉은 태양과 붉은 하늘, 붉은 포도주가 화면 가득 뿌려지고 사람들조차 붉게 젖어 있다. 눈에 가득 펼쳐진 붉은색은 시각적 충격을 준다.

〈홍등〉은 전통가옥 사합원에 갇힌 네 명의 처첩들의 이야기다. 홍등은 성의 권력이다. 영화의 대부분은 홍등을 차지하기 위한 네 명의 처첩들의 갈등과 대립으로 점철된다. 〈홍등〉의 여인들은 봉건 혼인제도의 억압 속에 살아가고 있다. 송련은 자기 방에 홍등이 밝혀지면 붉은 옷을 입는다. 임신을 가장해 누워있을 때도 붉은 옷에 붉은 두건을 이마에 두르고 있었다. 살아남기 위해 관능미를 발휘해야 하는 여인의 모습은 슬픔을 준다. 셋째부인 매산이 주치의와의 외도가 들켜서 죽임을 당하는 모습을 목도한 후로 송련은 충격을 받아서 미쳐버리고 난다. 사합원에 갇힌 〈홍등〉의 여성들은 죽임을 당하든지 아니면 미치게 된다. 봉건적 혼인제도가 인간을 어떻게 파괴하는지를 보여준 이 작품은 중국을 뒤흔들었다.

서양에서 1789년 프랑스혁명과 1791년 여권선언을 여성 주체의식이 발화점이라고 한다면 중국은 1919년 5·4 운동 시기부터 할 수 있다. 1960년대 후기에서 1970년대 초기에 페미니즘 운동이 부흥한 것과 발걸음을 맞춰 중국에서도 1970년 말에서 1980년 초에 페미니즘의 흐름이 이어진다. '21세기는 여성의 시대'라는 전망이 만연할 때다. 장이머우는 바로 그런 시기에 중국을 대표하는 색과 여성이라는 코드로 세계영화 무대에 등장한 것이다.

장이머우의 도전은 곧 세계인의 주목을 받았다. 1988년 〈붉은 수수밭〉은 국제 베를린 영화제에서 큰곰상을 수상하였다. 중국정부가 요구하는 심근사조를 만족시키면서 세계와 통하는 그의 예술은 시대의 요구에 대한 확실한 응답이 되어주었다.

장이머우는 이후로도 강인한 생명력을 가지고 예술 활동을 이어나갔다. 중국정부의 영화 검열이라는 제도에도 치열한 승부근성과 자기 변신의 능력으로 적응해 나갔으며, 〈투란도트〉의 세계 순회공연이나 올림픽 개폐식 공연을 통하여 중국의 문화영웅이라는 극찬을 받는 영화인의 지위를 획득했다. 시대적 요구와 세계의 변화 속에서 자신이 무엇을 가지고 나설 수 있을지를 아는 힘은 어디에서 나오는 것일까. 가장 낮은 곳에 이르렀을 때, 가장 높은 곳으로 솟구쳐 오를 수 있는 힘을 축적하게 된다는 것을 생각한다. 그의 붉은 영화들은 이 세계를 온통 중국이 삼켜버릴 것을 자신한 것인지, 아니면 온통 여성이 차지할 미래를 예감한 것인지, 아직도 모를 그의 속마음에 대해서는 아직 답을 찾지 못했다.

책상 하나 안고

지난 가을 이사를 했다. 이삿짐을 정리하는 일로 한 달여를 보냈다. 체력 소모가 보통이 아니었다. 하지만 힘들기만 했던 건 아니었다. 서재 구석에서 젊은 시절에 썼던 일기장이 든 상자를 만났다. 짐 정리를 멈추고, 일기장을 뒤적였다. 젊은 시절의 나는 문학적 열망이 지금보다 더 뜨거웠다. 특히 박경리 작가에 대한 선망이 대단하였다. 일기장 첫 장부터 박경리 작가의 사진이 붙어 있었다. 비닐봉지에 고추를 담고 있는 모습이었다. 흙일을 하는 그의 거친 손과 반백의 머리에 눈길이 갔다. 그는 먼 산을 바라보고 있다. 치악산을 바라보고 있는 것일까. 강렬한 눈빛이다.

그때의 나는 박경리 작가의 자료를 열심히 찾아 다녔다. 책

상자에는 『토지』뿐만이 아니라 『표류도』 『성녀와 마녀』 『김약국의 딸들』 『노을진 들녘』 『시장과 전장』 『단층』 등이 있었다. 그리고 상자 밑에서 『Q씨에게』를 발견했다. 1993년판이었다. 『Q씨에게』는 표제가 여러 가지이다. 가장 먼저 출판된 것은 1969년판이다. 1년간 몰두하여 쓴 전작 수필집이었다. 먼지 속에서 짐들을 옆으로 밀쳐놓고 책을 읽기 시작했다. 이 책에 실린 서간문은 모두 마흔여덟 편이다. 수취인 Q씨에게 서신을 보내는 서간체 형식의 수필들이다. 그중 하나인 「Q씨에게」라는 수필은 이 책의 서문에 해당되었다. Q씨가 루쉰의 「아큐정전阿Q正傳」의 아큐라는 것도 알게 되었다.

중국 작가 노신魯迅의 작품 「아큐정전阿Q正傳」 제1장 서문은 아큐정전이라는 제목과 아큐라는 주인공 이름을 붙이게 된 경위를 설명하는 것으로 충당되어 있습니다. 그의 설명에 의할 것 같으면 주인공의 성명이나 그 출신지가 확실치 않을 뿐만 아니라 지난날 그가 무엇을 했으며 어떤 이력을 가졌는가조차 알 수 없었고 다만 그가 생존시 사람들은 아Quei라 불렀다는 것이며 그러나 Quei라는 발음의 한자가 무엇이었던지 생각 생각 끝에 결국 약하여 Q라는 서양문자를 붙여주기로 결정했다는 것이었습니다. 정전正傳에 대하여는 보다 더 복잡한 이유가 있었던 것 같앉습니다만. 당돌하게도 그 「아큐정전」에서 내가 Q자를 훔쳐내게 된 동기는 루쉰의 작품을 좋아한, 특히 「공을기孔乙己」라든가, 「고향」, 「고독자」 같은 작품에 취해버린 기억이 있었던 일도 그러려니와 그보다 나 역시 이 기나긴 편지의 수취인 이름을 모른다는데 이유가 있지 않나 싶습니다.

– 『Q씨에게』, 박경리, 솔출판사, 1993, 11~12쪽.

작가는 루쉰을 좋아해서 「아큐정전」을 패러디해 편지를 썼다. 그러나 수취인이 아큐는 아니라고 했다. 창밖의 하늘일지도 사면의 벽일지도 모르겠다고 했다. 다만 루쉰이 고심하여 사용한 Q자를 훔치기로 했다고 고백했다. 어쩜 자기 자신과의 대화인지도 모르겠다. 『토지』 집필 이후의 수필은 사회적 이슈를 소재로 한 글이 많았던 데 비하면, 『토지』 집필 이전에 해당하는 수필집 『Q씨에게』에는 자기 자신을 끊임없이 성찰하는 작가의 내면이 잘 드러나 있었다. 어떻게 작가로서 살 것인가에 대한 치열한 물음도 이어졌다. 홀어머니와 외동딸에 대한 이야기가 많이 등장하는 것도 내게는 의미가 있었다.

『Q씨에게』는 작가의 문학수첩이기도 하다. 세계문학에 대한 작가의 해박한 지식이 펼쳐져 있다. 도스토옙스키, 제임스 조이스와 토마스 울프 등 세계적인 작품들을 비롯해서 일본문학과 중국문학에 대한 조예도 깊다. 『토지』와 관련한 문학행사에 대한 기사를 읽은 기억이 난다. 사회자가 작가에게 『토지』라는 거대한 문학을 이루어낸 비결이 무엇이었느냐고 묻자 작가는 '독서력'이라고 답했다. 젊은 시절 『세계사 대계』를 독파한 경험을 이야기하며, '독서력'이 모든 작품의 기초였다고 했다. 가슴이 서늘해지는 경외감이 들었다. 그녀의 중국문학에 대한 깊은 이해는 내게 깊은 인상을 남겼다. 작가는 루쉰뿐만 아니라 사마천司馬遷에게도 깊은 영향을 받았다. 작가는 「사마천」이라는 제목의 시를 썼다.

> 그대는 사랑의 기억도 없을 것이다
> 긴 낮 긴 밤을
> 멀미같이 시간을 앓았을 것이다
> 천형 때문에 홀로 앉아
> 글을 썼던 사람
> 육체를 거세당하고
> 인생을 거세당하고
> 엉덩이 하나를 놓을 자리 의지하며
> 그대는 진실을 기록하려 했는가
>
> —『못 떠나는 배』, 박경리, 지식산업사, 1988, 19쪽.

사마천은 『사기史記』의 저자이다. 한 왕조 초기, 태사령太史令이었던 사마담司馬談의 아들인 그는 아버지의 뒤를 이어 『사기』의 저술에 착수하였다. 그런데 흉노에게 항복한 이능李陵을 변호하다가 무제武帝에게 성기를 잘리는 궁형宮刑을 받게 된다. 치욕적인 궁형에 굴하지 않고 그는 삶의 뜻을 오로지 『사기』 저술에 두고, 삼황오제로부터 한 무제까지의 2600여 년의 중국 역사를 서술했다. 사마천의 역사 서술은 그의 신념과 세계관에 입각하여 역사에 대한 반성과 비판을 담고 있었다. 그는 부당한 권력을 비판하고 약자를 옹호했다.

　박경리 작가의 삶도 비극적인 경험에 대해서라면 사마천 못지않다 할 것이다. 한국전쟁 이후 남편과 아들을 잃었고, 1971년에는 암 수술을 받았다. 수술을 받고 붕대 감은 손으로 『토지』의 원고를 썼다. 1974년에 사위 김지하가 사형선고를 받자 손자 원보를 업고 형무소에 면회를 다녔다. 그 시절에도 한 달에 원고지 1000매를 쓴 적이 있다고 했으니 그에게 글쓰기는 고통을 이기는 수단이었는지도 모른다.

　「유배流配」라는 시에서 작가는 "황사 속을 맴돌고 헤집고/ 이 자리/ 나는 책상 하나 안고 살아왔다"고 했다. 이 구절에서 나는 박경리 작가와 사마천이 연결되는 느낌을 받았다. 두 사람은 비극 속에서 '책상 하나 안고' 글쓰기와 투쟁한 주인공들이다.

중국 역사의 도도한 흐름 속에서 『사기』라는 역사서가 걸출하듯이, 『토지』 또한 한국문학사의 거대한 산맥에서 큰 봉우리로 우뚝 서 있지 않은가?

이삿짐을 정리하다가 먼지 속에서 만난 젊은 시절의 꿈이 내게 말을 걸어왔다. 젊은 날에 박경리 작가의 작품과 그에 관한 자료들을 모으며 나는 무엇을 꿈꾸었던가. 『토지』와 같은 대작을 저술할 꿈을 꾸었을까.

꿈은 그냥 꿈이다. 이제 그 꿈은 이루어지는 것과는 상관없다. 꿈은 이뤄지지 않아도 위대한 것이다. 박경리 작가가 사마천에게 영향받은 것은 그 정신이다. 작가로 살아가는 정신. 원고지 13매의 짧은 수필에도 우주를 담을 수 있다. 한 줄의 문장에도 작가 정신은 보인다. 한 줄의 문장을 쓰기 위해 나 역시 끝없는 질문을 할 것이다. 늦은 나이에 만난 수필이라는 문학이 소중하다. 내 꿈은 그렇게 나의 길을 가고 있다.

루쉰魯迅의 노라

"여자는 재주가 없는 것이 덕德이다."

중국의 문학에 자주 등장하는 속담이다. 집안일 외에는 아무것도 하지 못하는 것이 여자의 미덕이라는 의미이다. 봉건사회에서 여성이 억압받으며 남성의 지배를 받고 살아왔음을 보여주는 말이기도 하다.

20세기에 중국은 서구사조와 함께 민주와 과학을 기치로 5·4운동이 일어났다. 5·4 운동은 노동자운동, 청년운동, 여성운동의 중요한 발단이 되었다. 5·4 운동을 기점으로 폭넓게 인식되기 시작한 여성 문제는 사회에 많은 변화를 가져왔다. 여성들은 전통 혼인제도에 반항하며 연애와 혼인에서 자유와 주체성을 요구했다.

당시 여성운동에 노르웨이 극작가 입센의 희곡「인형의 집」이 많은 영향을 주었다. 노라의 가출은 여성의 정신을 각성시킨 선언이 되었다. 루쉰魯迅도 집을 나간 노라에 대한 글을 남겼다. 그의 산문집『아침 꽃을 저녁에 줍다』에는「노라는 집을 나가 어떻게 되었는가」라는 글이 실려 있다. 1923년 12월 26일 베이징 여자고등사범학교에서 강연한 내용이다.

강연에서 루쉰은 가출한 노라가 굶어죽지 않으려면 거리에서 몸을 팔거나, 남편에게 용서를 빌고 집으로 돌아가는 것 밖에 없다고 지적했다. 그 이유는 무엇보다도 돈이 없기 때문이라고 진단했다.

> 그렇기 때문에 노라를 위해서는 돈, 고상한 말로 경제가 제일 중요합니다. 자유는 물론 돈으로 살 수는 없습니다. 하지만 돈에 팔릴 수는 있습니다. 인간에게는 한 가지 큰 결점이 있지요. 자주 배가 고픈 것입니다. 이 결점을 보완하기 위하여, 그리고 인형이 되지 않기 위하여 오늘날의 사회에서는 경제권이 제일 중요합니다. 따라서 첫째, 가정에서 남녀간에 균등한 분배가 이루어져야 합니다. 둘째, 사회에서 남녀간에 동등한 힘을 지녀야 합니다. 그런데 유감스럽게도 이런 권리를 어떻게 해야 획득할 수 있는지, 나는 알지 못합니다. 단지 아는 것이라고는 싸워야

한다는 것입니다. 참정권을 요구하는 것보다 더 격렬한 싸움을 해야 할지도 모릅니다.

　―『아침꽃을 저녁에 줍다』, 루쉰, 이욱연 편역, 도서출판 예문, 2003, 61쪽.

여성이 남성의 종속물이라는 위치에서 벗어나서 인간으로서 동등한 권리를 주장하고자 할 때, 가장 중요한 것이 경제권이라는 것이다. 인간이란 누구에게나 경제적으로 의존하게 되면 결코 독립성을 유지할 수 없게 된다. 루쉰은 여성 지위의 극복을 위해서 첫째로 가정 안에서 남녀균등을 획득하는 일과 둘째로 사회에서 남녀평등의 힘을 획득하는 일이 필요하다고 역설했다. 그렇다면 그 힘은 어떻게 획득할 수 있는가? 그는 격렬한 투쟁이 필요하다고 했다.

5·4 시기에 여성이 경제권을 획득하기 위해서는 싸우는 길밖에 없음을 강조한 그의 발언은 큰 반향을 불러 일으켰다. 상당히 진보적인 여성해방의 방향을 제시하고 있다고 평가받았다. 어두운 중국의 현실에서 중국의 민족과 여성의 문제에 명쾌한 답을 제시한 그 시대의 지성으로 자리매김한 것이다. 그런데 어느 날 루쉰의 자료를 살펴보다가 '그 여자'의 존재를 알게 되었다. 황당함을 수반한 채 '그 여자'의 자료를 찾아 나섰다. 그녀는 루쉰의 본 부인으로 이름은 주안朱安이었다. 그때까지 나는

루쉰의 부인을 쉬광핑許廣平으로 알고 있었다.

　루쉰은 일본에서 귀국하여 여러 대학에 강의를 나갔다. 그중에 하나가 베이징여자사범대학교였다. 1925년의 5·30 사태는 베이징여사대에서 있었던 일로 손문孫文의 장례식에 참석과 관련하여 학교 측과 학생들 간 갈등에서 비롯된 사건이다. 베이징여사대 총장 양음유楊蔭楡가 군벌정부와 가깝기 때문에 손문 장례식에 학생들이 참여하는 것을 적극 막았고, 학생과 교수들이 이에 동맹파업으로 맞섰다. 이때 학생회장이 쉬광핑이었다. 루쉰은 학생들 편이었고, 이 사건 후에 둘은 가까워졌다. 교수와 제자라는 신분을 뛰어넘는 사랑을 하게 되었다. 그때 그들이 주고받은 연서는 책으로 출간되기도 했다. 남녀 간의 사랑뿐만 아니라 혁명의 동지로서 더욱 가까워진 그들은 1927년에 광동에서 결혼하였고, 1929년에는 아들을 출산하게 되었다.

　그런데 그에게 본부인이 있다는 것이었다.
　1906년 여름, 일본에서 유학 중이던 루쉰은 모친이 아프니 귀국하라는 전보를 받고 급히 고향인 소흥으로 돌아왔다. 그러나 그곳에 있던 것은 아픈 어머니가 아니라 정혼자定婚者 주안이었다. 아들이 결혼하지 않는 것을 걱정하던 어머니가 며느릿감을 준비해 놓고 루쉰을 불렀던 것이다. 어머니의 요구대로 자신보다 세 살이 많은 주안과 혼인식을 올렸다. 이때 루쉰의 결혼은 전형적인 봉건식 혼인이었다. 그녀는 전족纏足을 하였으며 문맹이었다고 한다. 그는 결혼한 지 이틀째 되는 날 침실을 안방으로 옮기고 다음 날에는 일본으로 돌아갔다. 그 후에도 주안과 루쉰은 보편적인 부부관계를 유지하지는 않았다고 한다.

후에 루쉰은 사람들에게 주안에 대하여 이렇게 변명하였다. "그녀는 어머니의 며느리였습니다." 나는 저으기 놀랐다. 그는 억압받는 여성의 권리를 향하여 "여성이여! 경제권을 확립하십시오."라며 통쾌한 답안을 제시했었던 사람이었다. 아무리 봉건 혼인에 의해 맺어진 부인이라도 단지 어머니의 며느리였다고 책임을 회피하다니!

답답하기는 주안이 더 심했다. 집안일 이외에는 아무것도 하지 못하는 것을 여자의 최고 미덕으로 삼던 집안에서 자란 주안이었다. 루쉰은 몇 번 주안에게 친정으로 돌아갈 것을 요구했었다. 그때마다 그녀는 루쉰의 식사 준비와 시중을 걱정하며 그의 곁에 남았다. 루쉰이 벗어놓은 옷을 다음날 아침이면 깨끗이 손질하여 방 앞에 가져다 놓았다고 한다. 며느리로서도 나무랄 데가 없었다. 시어머니 곁을 한시도 떠나지 않고 정성껏 모셨다.

그녀는 전통 여성의 폐해라고 하는 삼종지덕三從之德에서 한 걸음도 빠져나올 꿈을 꾸지 않았다. 스스로 감옥 안에 갇혀서 꿈짝달싹 못했다. 무거운 인습의 굴레조차도 자각하지 못했던 여성이었다.

그러나 페미니즘Feminism이란 무엇인가? 여성주의女性主義란 무엇인가? 사회가 가부장제임을 인정하고 여성의 입장에서 바라보는 세계관을 말하는 것이다. '그 여자'의 입장에서만 바라보자. 그녀는 중국 봉건 혼인제도의 희생자이다.

1929년 루쉰이 쉬광핑과의 혼인에서 아들 해영을 출산했다. 이 소식을 주안에게 전하니, 그녀는 답변했다. "나는 아직도 루쉰 선생을 존경합니다."

언젠가 루쉰이 자신에게 돌아오길 기다렸나? 나는 기다렸다고 생각한다. 주안도 여자였기 때문이다. 언젠가 그녀의 취미가 물담배를 피우는 것이라는 기록을 보았다. 그녀의 손에는 항상 은제 물담뱃대가 쥐어져 있었다고 한다. 고통스러울 때마다 물담배를 피웠을 것이다. 아마 질투심으로 피눈물을 흘렸을지도 모른다. 나는 가끔 '그 여자'가 내 안에서 울고 있는 울음소리가 들린다.

루쉰은 봉건사회를 향하여 봉건예교가 사람을 잡아먹었다고 부르짖었다. '중국 여성이여, 깨어나라'고 외쳤다. 그러나 루쉰 자신도 한 여자를 잡아먹은 봉건예교의 가해자였다. 참 아이러니하다.

보이차가 우려지는 동안

중국인은 '차'를 즐겨 마신다. 타이완 유학 시절 룸메이트는 종일 '차'를 마셨다. 그 모습이 그림처럼 떠오른다. 다른 중국 친구들도 하나같이 차를 즐겼다. 도서관이나 강의실에도 중국차를 담은 기다란 찻병을 들고 들어왔다. 나도 그들처럼 찻병에 우롱차를 가득 담아 수업에 가곤 했다. 하지만 오래 가지는 않았다. 커피를 즐겨 마시던 나에게는 중국차의 맛이 밍밍한 씁쓸함일 뿐이었다.

중국은 '차' 문화의 시작을 당唐 나라 시대로 본다. 육우陸羽의 등장과 그의 저서 『다경茶經』을 근거로 그렇게 말한다. 육우가 차에 관한 문헌 정리와 지식을 14년간 연구하여 편찬한 책이 『다경』이다. 이 책을 후대 사람들이 중요하게 여기는 이유는

'정행검덕精行儉德'이라는 철학적 사상을 바탕으로 하고 있기 때문이다. '차'는 '행실이 검소하고 덕망이 있는 사람'이 마시는 음료라는 것이다. 이러한 정신문화적인 차원에서도 차 마시는 데에 훌륭한 전통이 스며 있지만 실용적인 이점도 그 못지 않다. 중국 음식은 대체로 기름에 볶거나 튀긴 음식이 많다. 그러나 그런 음식을 주식으로 하는 중국인에게 뇌 질환이나 심혈관 질환이 적은 이유가 바로 차를 즐겨 마시기 때문이란다. 참 일리 있는 말인 듯하다. 중국에 있는 동안 뇌질환이나 통풍 등의 질환으로 힘들어하는 사람을 본 일이 없다.

중국 음식점의 후식은 항상 '차'이다. 타이완에서는 우롱차烏龍茶나 재스민차香片를 마셨다. 중국에서는 용정차龍井茶, 백차白茶, 황차黃茶 그리고 보이차普洱茶 등을 마셨다.

중국차에 대한 아름다운 기억이 하나 있다. 타이완대학교 중어중문학과 주임교수였던 엽경병葉慶炳 교수에게 첫인사를 드리러 갔을 때다. 인사를 하고 조심스레 의자에 앉았는데 교수님이 찻물을 끓이기 시작하였다. 중국차 끓이는 복잡한 과정을 제자 하나를 위해 정성스럽게 하셨다. 우선 찻잎을 넣고, 끓는 물을 찻잎에 붓고, 차가 우러나올 동안 대화를 나눈다. 한 잔을 따르고, 두 잔을 따르고, 또 석 잔을 따른다. 그렇게 '차'를 마시는 동안 나는 긴장이 풀렸다. 논문에 대한 이야기도 술술 하게 되었다.

예나 지금이나 학생은 교수님 찾아가기가 부담스럽다. 지도 받아야 할 문제를 들고 교수님을 찾아가는 발걸음은 늘 무겁다. 그렇게 부담을 짊어지고 온 학생들의 마음을 헤아려 위로하려고 그러는 것일까. 중국의 교수님들은 인자한 미소를 지으며 손수 차를 만드셨다. 엽 교수님뿐만 아니라 다른 교수님을 방문했을 때도 마찬가지였다.

중국차, 특히 보이차를 즐겨 마시기 시작한 것은 유학에서 돌아온 다음부터다. 내게는 실로 하나의 사건이라 할 만한 변화였다. 오랜 시간 중국문화와 접하면서 자연스레 스며든 것이 어느 순간 차가 우러나듯이 내 생활 속에 배어나왔다. 타이완에서 유학할 때는 마음의 여유가 없어 즐기지 못했지만 돌아온 뒤로는 오히려 중국문화를 한껏 즐기게 된 것이다.

어느 날 오후에 P교수님이 전화했다. 맛있는 보이차가 있으니 함께 마시자는 연락이다. 마침, 오후의 나른함에 젖어 있던 터라 즐거운 마음으로 그분 연구실을 찾았다. 밝은 햇살이 가득한 탁자 위 자사호紫沙壺에 보이차 잎이 담겨 있었다. 오랜만에 맛보는 보이차의 맛이었다.

보이차는 중국의 운남성과 차마고도 등 일부 지역에서 재배되던 차인데 어느새 중국을 대표하는 차가 되었다. 지금은 세계적인 마니아를 형성해 뉴욕에서도 보이차 상점을 볼 수 있고 우리나라에서는 백화점에도 진열된 것을 보았다.

P교수님이 준 따스한 보이차 한 잔을 마시니 온몸이 후끈해졌다. 점심으로 먹은 식사가 소화가 안 되어 더부룩했었는데 속이 편안했다. 온몸이 반기는 듯 보이차를 받아들였다. 그때 느껴지던 감칠맛이란. 내 몸이 머금은 그 우아한 맛과 향이 오래 머물렀다. 나는 몸이 찬 체질이라 발효차인 보이차가 몸에 잘 맞는다.

보이차에는 숙차熟茶와 생차生茶가 있는데, 나는 생차를 좋아한다. 숙차는 짧은 시간 안에 인공 발표 과정을 거친다. 생차는 서서히 발효를 거치는데 약 10년 정도의 시간이 지나면 가장 마시기 좋은 차로 변한다. 오래 숙성된 맛과 향기가 점잖게 몸을 적신다.

저녁에 원고를 써야 할 경우에 자사호에 보이차 잎을 넣고 따끈한 물을 부어 뚜껑을 닫아 둔다. 그리고 조금씩 마시며 글을 쓰다 보면 그렇게 머리가 맑을 수 없다. 착한 카페인이다. 새벽까지도 정신을 맑게 한다. 나는 그 맑음에 취한다. 맑음에 취해서 행복하다. 술도 아닌 것이 나를 취하게 하며, 몸과 마음을 자유롭게 몰입하게 돕는다.

당대 시인 노동盧仝의 시에 차 맛의 경지가 느껴지는 시가 있다.「맹간의가 보내준 햇차에 감사하며走筆謝孟諫議寄新茶」이다.

    한잔을 마시니 목이 촉촉해지고
    두 잔을 마시니 외로운 시름이 사라지네
    세 잔을 마시니 메마른 창자에 차 향기가 전해진다

그렇게 좋아하던 커피를 중국차로 대신하게 된 것은 내게 큰 의미였다. 서양 문화에서 동양 문화로의 전환이랄까. 빌려 쓰던 타인의 수도꼭지에서 오래된 우리의 샘으로 발길을 돌린 기분이다.

황금의 힘

어느 더운 여름날, 영화 〈황토지黃土地〉와 〈황후화皇后花〉를 다시 보았다. 이 영화들은 중국에서 보았던 것이다. 처음 볼 때도 영화 속의 황색에 매료되었다. 〈황토지〉 첫 장면은 온통 누런 땅, 고원이다. 〈황후화〉의 주인공 공리의 의상과 장신구도 온통 황금색이다. 황색은 중국의 황제를 상징하는 색이다. 또한 중국인민공화국의 국기인 오성홍기伍星紅旗의 노란 별들은 중국을 이루는 다섯 개 계급의 인민들을 나타낸다.

〈황토지〉가 촬영된 1984년은 문화대혁명이 끝난 지 얼마 안 되는 시점이다. 사회주의 문화의 특징인 교조주의적인 부분의 잔재가 남아 있을 시기인데, 화면에 나타난 황토색과 산등성이의 곡선이 예술적이고 미학적이었다. 영화는 중일 전쟁이 중국을 휩쓸던 1930년대를 비춘다. 구전민요를 수집하기 위해 황하강 유역인 섬서성陝西省 섬북陝北 지방의 척박한 산골에 찾아온 팔로군 병사와 어린 소녀 추이차오翠巧의 이야기다. 황토 먼지가 뿌옇게 날리는 구불구불한 산길과 누런 잎이 달린 나무들이 가득한 산등성이가 배경이다. 수목이 거의 없는 황하 상류 지역 고비사막의 황토폭풍이 중국의 기원이라 말하고 싶은 것일까. 아닌 게 아니라 천카이거는 광활하고 웅대한 섬북의 황토고원에 중화민족의 뿌리가 있다는 확신을 가지고 이곳에서 영화를 촬영했다고 했다. 중국 서안에서 섬북 지방은 오지 중의 오지인데 〈황토지〉 촬영팀은 이곳이야말로 한민족의 발원이라고, 번영의 땅이라고 확신했다고 한다. 팔로군 병사가 민요를 수집하러 이곳저곳을 옮겨 다닐 때마다 황토의 강렬한 색채가 말을 건넸다. 이런 곳에서 살아가고 있는 인민들이야말로 중국의 희망이자 역사를 일궈낸 사람들이라고 영화는 말없이 웅변했다. 그 시각적인 외침을 들으며 나도 고개를 끄덕였다. 문화예술은 높은 곳이 아니라 가장 낮은 곳에서 솟아나오는 에너지로 꽃을 피운다.

장이머우의 〈황후화〉의 황색은 〈황토지〉의 그것과는 다른 것이다. 〈황후화〉의 황색은 황족과 황금의 색이다. 당(唐)나라 말기 중양절을 앞두고 궁정 안에서 벌어지는 황족의 갈등과 음모, 반란이 펼쳐지는 가운데 금빛이 탐욕스럽게 번들거린다. 황후 역을 맡은 공리는 머리부터 발끝까지 온통 황금으로 입고 두르고 바르고 장식하지만 행복하지 않다. 황제는 황후가 마시는 탕약에 은밀히 독약을 섞었다. 황후는 쿠데타를 일으키기 위하여 만반의 준비를 한다. 왕자와 함께 반란을 도모한 중양절 행사를 앞두고 궁궐 앞의 넓은 앞마당이 국화꽃 화분으로 메워지기 시작한다. 앞마당을 장악한 국화의 행렬처럼 권력이 뒤집힐 것 같았지만 반란군은 전멸당하고 만다. 부부의 불화는 세 아들을 죽음으로 몰고 간다. 마지막까지 살아남은 왕자 원걸에게 황제가 말한다. "경고하지 않았느냐? 오직 내가 준 것만이 너의 것이다. 내가 주지 않은 것을 네가 빼앗을 순 없다." 아비지가 주지 않은 권력을 탐한 원걸은 결국 스스로 목숨을 끊는다. 이 싸움에서 누가 이겼다는 건지 알 수 없다. 이겨서 기쁜 사람이 아무도 없다.

  이 영화가 표현하는 황금색은 중국이 고귀한 민족임을 천명한다. 모든 세공을 금으로 완성한 왕과 왕비의 의상은 중국 황실의 규모를 짐작하게 한다. 영화의 황금빛 색채는 왕권의 권위와 존귀를 표현한 황금색의 화려함은 강대한 중국을 나타낸다.

〈황토지〉와 〈황후화〉를 다시 보며, 이 영화를 만들던 시기의 중국을 생각해 본다. 문화대혁명 시기의 끝에서 황색의 물결이 출렁이는 이 영화들을 만들어 낼 힘을 어디서 끌어냈을까? 천카이거는 문화 대혁명 시기에 아버지를 인민재판에 올린 홍위병이었고, 장이머우는 방직공장에서 노동하며 카메라를 들고 산천을 누비던 방직공이었다. 색채 언어로 중국 민족의 정체성과 미래와 꿈을 제시한 그들의 자신감과 용기가 이제야 보인다. 〈황토지〉의 황색은 황하였고, 황토였다. 그것은 민중의 삶을 상징했다. 〈황후화〉의 황금색은 황제였다. 그것은 권력이었다. 우리는 강하다! 황색의 물결로 세계를 제패하라! 그들이 스크린을 통해 세계로 던진 그 메시지들은 돌아볼수록 짙어지는 것만 같다.

하늘 속으로 걸어가다

몽골 여행 마지막 날 아침이었다. 게르 문을 열고 나와서 하늘을 보니, 몸을 날려서 하늘 호수에 푹 잠기고 싶을 정도로 청명하기 이를 데 없었다. 깊은 청색의 바다 같기도 했다.

마시막 닐 일징표에는 얼트신이라는 지명이 적혀 있고, 2시간 정도의 소요 시간만 표시되어 있었다. 가벼운 트레킹이려니 여기고 출발했다. 도착한 곳은 열트산 초원이었다. 열트산은 텔레지공원에서 톨 강을 가로질러 펼쳐지는 광활한 초원이다. 열트산 능선에서 흘러내린 골짜기에는 숲이 우거져 있었다. 초원에는 기암들이 솟구쳐 있어, 우리가 걷는 들판 길을 받쳐주고 있었다. 가벼운 트레킹 코스라기에는 시작부터 심상치 않았다.

열트산 초원으로 들어서니 넓은 들판에 야생화가 만발해 있었다. 이곳에서 에델바이스를 만날 줄은 상상도 못 했다. 알프스산맥도 아닌 열트산에서 그 꽃을 만날 줄이야! 넋을 잃고 쳐다보았다. 우윳빛 에델바이스가 여기저기 피어 있었다.

　다른 야생화들도 있었다. 특히 보랏빛 꽃이 눈길을 끌었다. 나는 국화인가 생각했는데 벌개미취꽃이란다. 청초한 보랏빛 꽃잎이 예뻤다. 초원 여기저기 보랏빛 꽃무더기가 아련하게 옛 추억을 자극하였다. 또 하나 눈에 띄게 선명한 푸른색 꽃이 있었다. 용담초라는 야생화였다. 한약재 이름으로만 기억했는데, 그 잎들이 신비한 꽃다발처럼 살포시 피어 있었다. 열트산 초원은 야생화 들판이었다. 가볍게 시작한 트레킹이 야생화 들판에서 천국을 맛본 기분이었다.

　8월의 초원에 쏟아지는 햇살과 바람은 여행자에게 쾌적함을 주었다. 지금은 바람이 이렇게 살랑살랑 불지만, 8월이 지나면 추운 계절로 접어들 것이다. 얼마나 매서운 바람이 불까? 그러나 키 작은 에델바이스, 벌개미취꽃, 용담초는 이 들판을 지키고 있으리라. 꽃들은 홀로 피어 있지 않았다. 함께 모여서 서로를 보듬고 무더기로 피어 있었다.

　야생화가 피어 있는 야트막한 초원의 오솔길을 돌아서니 기암괴석 뒤로 청명한 하늘이 보였다. 가슴이 탁 트여왔다. 열트산 초원의 주인공은 하늘이었다. 투명한 얼룩같은 구름이 잠시 떠 있다가 이내 솜사탕 같은 구름들이 포슬포슬 나타났다. 분명 땅 위를 걷고 있는데도 창공을 떠다니는 기분이었다. 발만 잠깐 떼면 잔잔한 바람과 더불어 창공을 날아갈 것 같았다. 그 길을 따라 걸으면 하늘에 닿을 수 있을까?

날고 싶었다. 열트산 초원의 아름다운 자연을 품에 안고 날고 싶었다. 문득 장자莊子「소요유逍遙遊」에서 읽었던 전설 속의 붕鵬새가 생각났다. 붕새가 되어 초원 위를 날고 싶었다. 바다 속에 갇혀 살던 물고기가 바다라는 얽매임에서 벗어나 하늘로 자유롭게 날아오를 수 있는 붕새가 되었다는 이야기이다. 붕새는 세상을 새로이 인식한 후에 우주 공간을 자유롭게 날 수 있었다. 나도 붕새의 날개에 매달려 열트산 초원 위를 자유롭게 날고 싶었다.

어느새 내 영혼은 붕새가 되어 열트산 초원 위를 훨훨 날고 있었다. 날아다니다 초원을 내려다보았다. 배낭을 메고 하늘을 바라보며 양팔을 벌인 사람들이 보이고, 묵묵히 한 줄을 유지하며 초원 위를 걸어가는 사람들도 보였다. 야생화 사진을 찍느라 카메라를 들고 있는 사람들은 자유롭게 엎드려서 셔터를 누르는데, 그 모습이 아름다운 초원 위의 꽃밭 같았다.

속이 탁 트여왔다. 내 속이 맑은 공기로 가득 찼다. 더 높은 비상을 향하여 날아오르는 붕새처럼 심기일전이 되었다. 내 번뇌의 정체와 맞닥뜨리니 욕심이 사라졌다. 나를 기꺼이 버리리라. 나는 원대한 자연 앞에서 현실에 갇혀 있던 자아를 벗어던지고, 붕새의 초월을 날개에 달고 날아가고 있었다. 아름다운 자연에 마음이 기울어지니 현실이 까마득히 잊혔다. 모든 것을 잊으니 나도 붕새처럼 날 수가 있었다.

  하산할 때는 낙하산을 타고 하강하는 기분이었다. 붕새처럼 자기 초월의 용기를 가슴에 안고 다시 일어나고 싶다.

헤이리 하늘을 날아서

가끔 헤이리에 간다. 내가 사는 곳에서 가까운 그곳에 가면 나는 싱그러운 자유인이 된다. 예술의 해방구인 헤이리에서 나는 무장해제 된 채 아무 걱정이 없게 된다. 해야 할 일들을 정리해 놓은 메모장은 내 기억에서 이미 유실된 상태이다.

흐느적 흐느적 헤이리의 길을 따라 걸어 다닌다. 카페에 들렀다가 전통찻집도 기웃거린다. 북카페에 들어가기도 하고, 박물관에도 들른다. 이곳에서는 아는 사람을 만나도 인사를 안 하려 한다. 나를 알아보지도 못한다. 이렇게 가끔 헤이리에서 일상의 나를 벗어나 이방인이 되어 낯선 곳을 헤매듯 걷는다. 젊은 예술가들이 만든 꽃핀, 가방, 머플러……. 하나하나 쥘 때마다 물건에서 숨결이 느껴진다.

캐러멜 마키아토를 한 잔 들고 창이 넓은 찻집의 창가로 찾아간다. 하늘이 내 가슴에 가득하다. 햇빛까지 쏟아져 들어온다. 하늘거리는 나뭇잎들의 초록빛이 피곤함에 지친 내 눈을 시원하게 해준다. 헤이리에서는 많은 물건이 필요하지 않다. 책 한 권과 커피 한잔이면 된다. 읽고 싶어서 구입했으나 바쁜 시간 속에 밀려 있는 그 책. 그 속에서 나를 만난다.

그리움으로 속이 비어버린, 숨어 있던 나를 만난다. 가끔 비라도 내릴라치면 나는 내 속에 숨어 있는 또 다른 아주 오래된 미움을 만나기도 한다. 이제는 빛이 바랜 그 미움의 정체가 헤이리의 빗소리 속에 형체 불명으로 분해된다. 언젠가 불고기를 만들 때 파인애플을 갈아 넣었더니 고깃덩어리들이 풀어져서 형체가 없어졌다. 꼭 그 모양이다.

헤이리에서 나는 모든 의상을 벗는다. 알몸인 채이다. 그것이 가능한 게 헤이리이다. 헤이리는 거짓과 위선의 옷을 입고는 못 배기는 곳이다. 옷을 벗어서일까. 내 몸이 가벼워짐을 느낀다. 속옷, 겉옷에 외투까지 모두 챙겨 입은 가식 속의 나는 사라진다. 남에게 잘 보이기 위하여 입었던 욕망의 의상들을 다 버린다.

이곳에 오면 진실을 향하여 피 흘리며 싸우지 않아도 된다.

진실이 그냥 손에 잡힌다. 항상 고단함과 비장한 사명을 가지고 도시를 향해 출근했었다. 해도 해도 끝나지 않는 일들에 함몰되기도 했었다. 이곳에서는 그렇지 않다. 평안함 속에서 살랑살랑 부는 바람, 아름다운 하늘과 구름 속에서 진실한 나를 만난다.

어느 날은 문득, 멀리 떨어져 있는 친구에게 전화했다. 연락한 지 일 년이나 됐을까? 그런데 친구 전화번호가 없는 번호라는 것이다. 궁금한 생각이 들어 친구 남편에게 전화했더니, 친구가 몇 달 전에 위암과 싸우다 저세상으로 갔다고 했다. 이미 장례가 끝났고, 그 주검은 고향 앞바다에 뿌려졌다는 것이다. 가슴이 막혀 숨을 쉴 수가 없었다. 내가 너무 당황해하니, 아무에게도 연락하지 못했다는 변명만 했다. 친구가 없으니 친구 남편도 아주 먼 사람이 되었다. 이름 없이 빛도 없이 사라진 친구의 일생을 생각하며 죽음이라는 것의 정체를 곰곰이 생각해 보곤 한다. 그런데 이렇게 조용한 헤이리의 하늘을 바라보고 있자니 죽음도 편안하게 생각되고, 가버린 친구도 애달프지 않다.

친구에게 인사한다. "친구야, 기다려, 내 곧 갈게." 나는 장자 호접몽蝴蝶夢 속 나비가 되어 헤이리 하늘을 날고 있다. 내가 나비인 듯 나비가 나인 듯. 그 속에서 나는 헤이리 저 하늘 끝까지 자유롭게 날아다니는 내 영혼을 본다. 내가 살아 있는 건지 남편과 친구가 있는 하늘나라에 와 있는지 모르겠다. 장자의 영향인가? 내가 나비이고, 나비가 나이듯, 삶이 죽음이고 죽음이 삶이기도 하다. 나비와 나의 경계도 없고, 사는 것과 죽는 것의 경계도 무너진 채, 나는 나비가 되어 날고 있다.

장자는 부인이 죽었을 때, 통곡하지 않았고 북을 치며 노래했다. 문상객이 왜 그리 하는지 물으니, 자기 부인이 이제 자기가 온 곳으로 다시 돌아갔으니 얼마나 기쁜 일인가 하고 대답했다. 나도 헤이리 하늘을 나비가 되어 춤을 춘다. 사랑하는 사람과의 이별을 가져다준 죽음도 그리 두렵지 않다.

헤이리에서의 하루는 참 충일했다. 무언가 꽉 차 있었다. 너무 멋진 하루였다. 옷을 벗고 창공을 날아다녔다. 거짓과 위선은 더 이상 내 의상이 아니다. 나는 알몸이었다. 알몸이 되니 진실의 품에 안겨졌다. 진실은 미움도 섭섭함도 삶도 죽음도 두렵지 않은 것이다. 나는 지금도 나비가 되어 헤이리의 하늘을 날고 있다.

텅 빈 가득함

다시 바다로 가다.

한주가 시작되는 월요일이다. 주말에 딸들이 방문해서 분주하게 지냈더니, 호젓함이 그리워졌다. 책 몇 권을 들고 호수공원 카페로 갔다. 그중에 손에 잡힌 것이 박찬선 시인의 『물의 집』이다. 호젓함을 찾아 나선 길에서 두 눈이 번쩍 떠졌다.

강물은 겉으로만 볼 일이 아니다.
안으로 볼 일이다.
물 위의 반짝이는 무수한 별빛도
속이 텅 비어서 비친다.
강은 오랫동안 몸 낮추어 흐르고

봄소식은 먼 물길에서 먼저 온다.
- 『물의 집』, 박찬선, 한일사, 2021, 11쪽, 「관수루에서」

호수공원의 월요일 오전은 조용했다. 사람이 없었다. 사람들이 일터로 나가서 바쁘게 보내는 시간이다. 호수공원의 찰랑이는 수면 위의 햇살을 보며 나는 이미 결심하고 있었다. '바다로 가자.' 박찬선 시인의 저 아름다운 시 구절을 쥐고 바다로 가리라. 박 시인의 '강물은 겉으로만 볼 일이 아니'라는 말이 마음에 남았다. 나는 물을 호수를 강을, 바다를 겉으로만 보고 있었다.

나는 많은 시간을 물 곁에서 보냈다.

남편이 10년을 투병하는 동안 호수공원을 하염없이 걸었다. 새벽기도가 끝나고 집에 왔다가, 다시 모자를 쓰고 호수공원을 걸었다. 숲도 좋았지만, 호수를 바라보며 걸었다. 맑은 공기가 머리를 맑게 하고 마음속 근심도 덜어주었다.

휴일은 거의 호수공원에서 보낸다.

배낭을 메고 이곳저곳 벤치를 옮겨 다닌다. 수필의 초안도 호수공원에서 이루어진다. 이곳에서 안 써지면 저곳으로 옮긴다. 가는 길에 예쁜 꽃과 새들을 만나면 사진 찍기에 몰두하기도 한다. 하늘을 바라보기도 한다. 그러나 거의 호수의 물을 응시하고 있다.

무기력해지면 여행 짐을 꾸린다.
주로 떠나는 행선지가 바다이다. 주문진으로, 정동진으로, 속초로, 고성으로. 엄마의 자궁과 같은 편안함이 그리워 바다를 찾는다. 탁 트인 바다 앞에 서면 뒤죽박죽이던 마음이 가라앉는다. 바다가 나를 안아주었다고 생각한다. 엄마에게만 의지하는 어린이처럼. 그것은 물을 겉으로만 보는 것이다. 물속이 텅 비어 있다니, 나는 가슴이 두근거렸다. 물의 속을 보려면 어디로 가야 할까? 낙동강에 가볼까? 지난해에 상주의 어느 문학 행사에 참여하여 낙동강이 보이는 숙소에서 하룻밤을 보낸 적이 있다. 그때 굽이치는 강물에 묘한 매력을 느꼈다. 이튿날은 낙동강문학관을 방문해 낙동강에 얽힌 문학의 내력을 안내받았다. 시와 낙동강 내음이 흠씬 풍기는 문학관 관장님의 시집도 한 권 받았는데 바로 『물의 집』이다. 이 시집을 들고 우왕좌왕하다가 결국 고성으로 향했다.

다시 고성 바닷가에 앉았다.
바다는 조용하고 컴컴하다. 그래서 별빛이 더 선명하다. 별이 하늘에 뜬 듯도 하고 바다에 뜬 듯도 하다. 보름이면 달도 환히 빛나겠지. 하늘의 빛이 바다를 비추는 것은 바다의 속이 텅 비었기 때문이다. 심안心眼으로 바라보면 그 투명함이 보일 것이다. 마음이 고요해졌다.

다음 날 아침 일찍부터 고성 바닷가의 찻집 '나폴리아'를 찾았다. 내가 고성에 가면 즐겨 찾아가는 찻집이다. 바닷가 바로 옆이기 때문에 창가에 앉아 있으니, 바다에 떠 있는 기분이다.

멀리 바다 위에 배가 떠 있다. 하늘과 바다와 그리고 한 척의 배, 갈매기가 날고 있다. 아름다운 그림이다. 바닷물은 어떤 힘으로 저 배를 떠 있게 할까. 그 속이 비어 있기 때문이다. "마음을 비우면 고요해지고, 고요하면 잘 움직일 수 있다." 장자莊子 천도天道편에 나오는 말이다.

바다를 한참 바라보았다.

생동하는 힘은 비움에서 나온다는 뜻이 내 마음에 다가왔다. 파도가 너울거리며 왔다가 사라지는 모습을 홀린듯 바라보았다. 자유로운 춤사위 같다. 속이 비어 있으니 저리 다양하게 춤을 출 수가 있구나. 이곳으로 갔다가 저곳으로 갔다가 작은 파도가 쉼 없이 해안을 달려왔다 사라져갔다. 그 자유로운 춤사위에 덩달아 나도 덩더꿍 춤을 추는 것 같다. 바닷물은 속이 텅 비어 있기에 세상의 온 땅 위를 저렇게 자유롭게 흘러 다닌다. 텅 빈 물속을 응시하며 텅 빈 것을 사모하는데, 어째서 힘이 솟는 것 같을까? 텅 빈 것의 힘! 심안으로 쳐다본 물의 모습이다. 마음이 비워지면 고요해지고, 고요해지면 강한 자가 되는 것이다.

조랑말에게

몽골공항에 도착하여 비행기에서 내리니 청명한 하늘빛이 나를 사로잡았다. 말로 표현할 수가 없었다. 코발트빛이라고나 할까? 쪽빛이라고나 할까? 그 빛이 순도 만점의 공기와 더불어 내 눈과 가슴을 사로잡았다. 눈에 가득 하늘이요, 초원이었다. 이번 여행의 전망은 상쾌한 만족일 것이라는 확신이 들었다.

　울란바토르로 향하는 버스를 타니 오른쪽으로 염소와 양들이 평화롭게 풀을 뜯는 평원이 펼쳐졌다. 어디선가 마두금 소리가 들려오는 듯했다. 둔탁한 두 현이 부딪쳐 내는 소리에는 유목민의 슬픔이 가득 담겨 있다. 그 소리가 저 멀리서 가슴으로 스며들었다.

　여행 3일차에는 텔레지 국립공원에서 승마 체험이 예정돼 있었다. 말을 타본 적이 없어서 주저하고 있었는데 가이드의 말 한마디에 용기를 냈다. 한 시간 동안 톨 강가를 거닐며, 몽골의 원시림을 한껏 즐길 수 있다는 것이다. 몽골의 자연에 푹 빠져 있던 나는 홀린 듯 말에 올라탔다.

일행들과 더불어 말을 타고 강가로 접어들었다. 그러나 경황 없이 올라탄 말이 다른 사람들의 말보다 왜소했다. 어떻게 하나? 무거운 내 체중이 걱정되었다. 몽골의 말이면 모두 칭기즈 칸이 탔던 말처럼 크고 용맹스러운 줄만 알았다. 그러나 내 말은 그렇지 않았다. 어린 조랑말이었다. 개울 앞에 이르자 덜컥 겁이 났다. 냇가에서 자갈을 밟아 미끄러지면 어떻게 하나 초조해졌다. "미안해. 조금만 기운을 내라." 나는 말의 갈기를 쓰다듬었다.

안다깝지만 니는 조랑말에 의지해 목적지까지 가아만 하는 상황이었다. 내가 이 어린 말을 도와줄 방법은 무엇일까? 내 몸이 긴장할수록 말이 힘들 것이라는 생각이 들었다. 그래서 되도록 긴장을 풀고 편안한 마음으로 말에게 몸을 맡겼다. 그러고 나니 숲의 경관이 눈에 들어왔다. 톨 강 주변은 푸른 숲이었다. 쓰러진 고목들이 수습이 안 된 채로 원시림 속에 누워 있었다. 때묻지 않은 숲은 생명의 기운이 충만했다.

다시 개울이 나타났다. 강 같은 개울이었다. 앞의 말들이 개울을 지나는 모습을 보니 물의 속도와 흐름이 빨랐다. 거기에다가 깊기까지 했다. 나도 모르게 몸이 긴장되었다. 이 작은 체구의 조랑말은 어쩌려나? 고삐를 꽉 잡았다. 마부는 나이든 할아버지였다. 그는 아무런 동요 없이 말의 고삐를 당길 뿐이었다. 말은 마부의 인도에 따라 물살이 거센 개울 중앙으로 걸어 들어갔다. 개울물이 조랑말의 가슴까지 찼다. 약간 휘청거리기도 했다. 그러나 마부가 고삐를 당기면 당기는 대로 늘어지면 늘어지는 대로 말은 묵묵히 앞을 향해 갔다. 등에 얹힌 내 몸의 무게를 감당하기 벅찬지 깊은 곳을 지날 때는 목덜미에 힘줄이 팽팽하게 부풀어올랐다. 나는 그의 갈기를 어루만져주었다. "힘내, 잘 건너야지." 나는 조랑말이 주저앉을까 걱정이 되었다. 내 작은 조랑말은 난관을 헤치고 앞으로 나아가는 일에만 집중했다. '히~잉' 하고 한번 울 법도 한데 그러지도 않았다.

깊은 개울을 건너니 조그만 언덕이 나타났다. 말은 다시 한번 기운을 내서 언덕을 올라갔다. 돌이 많이 쌓인 곳을 피해가면서 마부가 이끄는 대로 평원에 올랐다. 도착해서도 조랑말은 긴장을 풀지 않고 주변을 살피는 모습이었다. 참 기특했다. 마부의 고삐에 순종하는 조랑말의 투혼을 잊지 못할 것이다. 내 어린 조랑말은 어른 말들 틈에서 꾀를 부리지 않고 자기가 넘어야 할 언덕을 무사히 넘었다. 휴, 안심이 되었다.

문득 내 인생길이 생각났다. 나도 가다가 한번씩 깊은 개울을 만나곤 했다. 그럴 때마다 나는 최선을 다하여 그 개울을 건넜다. 내가 타고 온 저 작은 조랑말처럼 내가 도착해야 할 목표지만 생각했다. 꾀부릴 묘수 같은 건 생각하지 않았다. 그냥 뚜벅뚜벅 걸었다. 힘들다고 투정 한번 못 했다. 세찬 물살에 맞서야 하는 날도 있었다. 나는 몽골에서 조랑말 위에서 젊은 날의 나를 만난 것이었다.

멀리서 저녁 식사로 바비큐를 준비하는 연기가 피어올랐다. 승마 체험이 끝나가고 있었다. 말에서 내려 그에게 인사하고 싶었다. 젊은 시절의 나도 너처럼 등짝이 휘도록 무거운 짐을 짊어졌다고, 그래서 항상 다리가 후들거렸다고 고백하고 싶었다. 오늘의 일을 묵묵히 마친 그에게 손을 흔들어주고 싶었다. 그러나 말은 뒤돌아보지 않았다. 나에게 눈길 한번 주지 않았다 지금까지 앞만 보고 걸어왔듯이 마부를 따라 말들이 모여 있는 마구간으로 들어갔다. 나는 마구간의 철조망을 붙잡고 그가 돌아보기만 기다렸다.

너는 젊은 날의 또 다른 나였어. 나도 너같이 앞만 보고 살아왔어. 옆을 쳐다볼 여유가 없었어. 너는 뒤를 한 번도 돌아보지 않는구나. 아무리 내가 마음속으로 너를 불러도 뒤도 안 돌아보고 그냥 앞만 쳐다보고 있구나. 너는 아무것도 꺼릴 것이 없어 보인다. 네가 매달고 온 나는 너를 그리워하는데, 너는 모른척 하는구나. 나도 그랬어. 살아가면서 깊은 개울을 만나면 온 힘을 다해서 건넜어. 그래서 내 목의 힘줄은 언제나 딱딱하게 굳어 있었지. 그러나 아무런 욕심도 없었어. 바로 지금 너의 모습처럼. 한 번도 꾀부리지 않고 뚜벅뚜벅 끊임없이 걸어온 내 삶의 길에서 너를 만났구나.

 나무와 나무 사이를 지나 다가오는 몽골의 바람을 가슴으로 맞으며 젊은 시절의 치열한 발걸음을 기억해 보았다. 젊은 시절은 젊은 시절이라 좋았다. 왜 그렇게 살았나 하는 후회도 없다. 나는 지금이 좋다. 그 시절로 돌아가긴 싫다. 젊은 시절에는 내 짐짝이 너무 무거워 봄이 되어 만천하가 벚꽃 축제인데도 아무런 감흥을 느끼지 못했다. 지금은 그렇지 않다. 젊었을 때는 잘 안 보이는 것들이 지금은 다 보인다. 하늘도 보이고 나무들도 보이고 꽃도 보이고 가슴 속으로 파고드는 바람 소리도 들린다. 상쾌한 몽골의 공기가 폐부로 스며든다.
 나는 지금이 행복하다.

낮게 따스하게 고요하게

4월의 산과 들은 온통 꽃이고 푸른 잎이다. 햇빛이 비친 연두 잎들은 보석처럼 빛난다. 올해에는 겨울이 지나면서 새싹의 푸른 잎이 유달리 그리웠다. 이제 천지가 연두색으로 가득하니 생명이 시작하는 가슴 실렘을 느낀다. 잎들의 호흡이 오른쪽에서도 왼쪽에서도 느껴진다. 낙동강 동쪽에 있는 창녕의 우포늪을 향해 가고 있다.

  우포늪에 도착하여 '우포늪 생명 길'이라는 팻말을 쫓아 숲길로 들어섰다. 나무들이 바람에 실려 잎이 파르르 떨리는 것이 멀리서 보면 "빨리 와요. 반가워요." 하고 손짓하는 것처럼 보인다. 손이라도 잡아줄까. 왜 나는 저 나뭇잎들이 웃는다는 생각이 드는지. 갖가지 새소리도 들린다. 바람 소리까지.

우포늪은 우리나라에서 가장 큰 자연 내륙습지이다. 여기에는 천연기념물로 멸종위기의 야생생물을 비롯한 다양한 생물들이 종류별로 어울려 살아가고 있다. 물속에는 풍부한 먹이와 서식처가 제공되고 있다. 오랜 세월 물이 고였다가 흐르는 과정이 반복되면서 독특한 환경이 만들어져서 많은 생물이 안심하고 살게 되었다. 습지에서 다양한 생명체들이 태어나고 사라져 가는 동안 미생물들이 끊임없이 동식물의 사체와 배설물을 분해하여 고인 물이 썩지 않으면서 영양분이 풍부한 곳이 되었다. 나무와 식물, 곤충과 철새들이 서로 먹이 사슬을 이루어 공존하는 습지이다. 그러므로 우포늪은 생태계의 모체로서 생명력과 기능을 모두 갖추고 있다.

　늪가에 있는 생태관에 들렀다. 우포늪의 특징을 설명하는 안내판이 있었다. 그중에 '미루나무와 딱따구리' 이야기에 울컥 가슴이 뜨거워졌다. 우포에는 여러 생물이 살아가고 있지만 특히 나무들이 많았다. 팽나무, 버드나무, 미루나무……. 나무들은 자기가 서 있는 자리를 떠날 수 없는 것이 운명이다. 비바람과 태풍으로 쓰러진 후에도 자리를 옮길 수 없다. 죽은 미루나무 위로 딱따구리와 많은 새 그리고 벌레들이 기어 다니며 먹이를 나르는 그림을 보았다. 미루나무는 자기의 몸을 우포늪의 이웃들에게 내준다. 그 그림 앞에 한참을 서 있었다.

둘레길을 걸었다. 수많은 나무와 곤충, 철새, 푸른 잎들의 초록 물결이 일렁였다. 봄이라 그런지 늪 표면은 내 버들, 창포, 자라풀, 개구리밥 등의 수생식물이 가득했다. 자운영 꽃밭은 토평천 쪽으로 군락지를 이루고 있었다. 자주색과 흰색이 구름 같은 형상을 이루어 아름다웠다.

주위가 고요하다. 햇빛을 받은 늪의 물결은 잔잔하게 흘렀다. 흐름의 소리도 들리지 않았다. 생명의 본령은 고요함인가. 3월이면 새들이 떠난다는데 아직 남아 있는 모습이 곳곳에서 보였다. 각기 음색이 다른 새들의 소리는 얼마나 아름다운가. 갖가지 풀들이 자라고 있고, 희귀한 식물들이 자라고 있는 늪가를 바라보다가, 우포늪을 좋아했던 그녀가 생각났다.

은퇴하던 해에 그녀와 여행을 떠나 순천만 습지를 걸었다. 순천만 갈대밭의 아름다운 풍경 속에서 그녀가 '습지의 수용성'을 설명해 주었던 기억이 어렴풋이 떠오른다. 우포늪에서 그때 그녀가 했던 말의 뜻을 새롭게 음미했다. 서로가 서로에게 유익을 주며 껴안는 상생의 공간이 습지이고 늪이다.

그녀와 순천만 습지를 걷는 동안 허기질 일이 없었다. 그녀의 배낭 속에서 여러 가지 음식이 끝없이 나왔다. 귤 주스로 목을 축이고 나니 맛있는 샌드위치가 나왔다. 견과류가 나오고 과 일이 나왔다. 내 배낭에는 사진기만 달랑 들어 있었다. 늘 상대방을 배려하는 것이 그녀의 장점이었다. 잘 웃으며 무슨 이야기든 잘 들어주던 그녀의 편안한 성품은 이 우포늪을 꼭 닮았다. 사람들을 품어주는 그녀의 넉넉한 성품은 생물들이 공존하는 습지를 닮았다. 사람은 좋아하는 것을 닮게 되는가 보다.

그녀는 은퇴 전부터 연극과 극단 운영으로 바빴다. 프랑스의 연극작품을 한국에 소개했다. 또한 원작의 작가들을 한국으로 초대해 한국의 연극 애호가들과 대화를 나누는 프로그램을 진행하여 박수를 받기도 했다. 오직 자신의 힘과 노력으로 경제적 뒷받침까지 하면서 이러한 일들을 이루어 왔다. 그녀는 소리없이 프랑스와 한국의 문화 발전의 탑을 쌓아가고 있었다. 그런데 그녀는 자랑하지 않았다. 우포늪의 버드나무처럼 이웃을 위해 자기의 재능을 내어주며 사회에 유익을 끼칠 뿐이다. 내가 항상 부러워하며 존경하는 모습이다.

언젠가 그녀의 이웃에 살던 독신 친구 하나가 불의의 사고로 사망하는 일이 있었다. 친지가 없는 친구의 장례를 그녀가 치렀다. 친구의 마지막을 묵묵히 지키던 그녀의 모습에 나는 또 한 번 깊이 감탄했다. 그녀는 칭얼거리지도 두려워하지도 않았다. 자기 앞에 다가온 일을 기꺼이 받아들이는 그녀의 태도는 '서로에게 유익을 주며 더불어 살아가는 자연'의 모습 그 자체였다.

만물이 서로를 돌보는 생명 충만한 저 습지처럼 언제나 낮고 따스하고 고요하게 존재하는 그녀를 생각하는 사이 우포늪에 노을이 지기 시작했다. 구름떼가 해를 가릴 무렵에 늪을 떠날 채비를 했다. 생명의 늪은 여전히 고요하였다. 새 소리, 바람 소리뿐이었다. 다양한 생명들이 조화롭게 살아가는 소리는 시끄럽지 않은 것이다. 노을빛에 윤슬이 화려하게 반짝거렸다.

4장

그리움을 그리다

회색 바바리코트의 뒷모습

아버지의 생전 모습 중에 하나의 실루엣으로 남은 모습이 있다. 1994년 2월, 아버지는 은퇴하고 평소 숙원이던 이율곡 선생에 관한 원고 작업에 매진하고 계셨다. 은퇴하시기 6개월 전, 가까운 친척의 결혼식에서 아버지를 뵈었을 때부터 부쩍 안색이 안 좋아 보여서 걱정하고 있었는데 그해 건강검진에서 위에 종양이 발견되었다. 암을 진단받고 치료하는 와중에도 원고를 놓지 못하셨는데 아버지의 건강을 생각해 말리고 싶었지만 가족들이 아무도 나서지 못한 채로 지켜만 보고 있었다.

  10월쯤에 아버지가 나를 집으로 부르셨다. 책의 마지막 작업을 의논하시려는 것이었다. 무슨 일이든 아버지를 도와야겠다고 생각했다. 그후 아버지와 나는 일주일에 한 번씩 시청 앞 지하 일식집에서 만났다. 아버지께서 육필로 쓰신 원고를 받아서 컴퓨터에 입력하고, 일주일 뒤에 원고를 교환하는 일을 10월, 11월 두 달간 계속했다. 지금 생각해 보면 참으로 귀중했던 아버지와의 마지막 데이트 시간이었다. 당시 나는 논문 작업과 학교 수업으로 여유가 별로 없었다. 그러나 아버지 원고가 더 중요하다고 생각했다. 아무리 힘들어도 아버지 원고는 내가 정리해 드려야 한다고 자신을 독려했다.

아버지와 만나는 수요일 저녁마다 아버지께서 좋아하시는 생선회를 대접했다. 맛있게 잡수시던 모습이 눈에 선하다. 그러나 야간 수업 시간에 쫓겨 많은 시간을 아버지와 함께 보내지는 못했다. 총총히 층계를 올라와 먼저 차에 올라 아버지 배웅을 받으며 헤어지곤 했다. 무엇이 그리 바쁘다고 아버지 떠나시는 모습도 보지 못하고 그리 서둘렀는지……. 두고두고 후회되는 일 중에 하나이다. 그 때 아버지는 회색 바바리코트를 입으시고, 떠나는 나를 배웅하며 버스 정류장에 서 계셨다. 그 장면이 내 기억 속에 한 점의 그림 액자처럼 남아 있다.

아버지는 책을 좋아하셨다. 아버지 서재에는 많은 책이 잘 정리되어 있었고, 우리 형제들은 그런 아버지 서재의 향기를 맡으며 자랐다. 요즘 아버지 생각이 자주 난다. 아버지는 학교 일로 항상 바쁘셔서 우리 형제의 모든 일은 어머니 차지였다. 그래서 나는 어머니가 우리를 키웠다고 생각했다. 물론 어머니의 지극한 사랑은 나의 피와 살을 이루었다. 하지만 내가 살아가는 데 중심을 잡아준 정신적인 가치관은 아버지의 영향을 많이 받았다. 돌아보면 내 인생의 커다란 줄기를 잡아주신 것도 아버지셨다.

대학교를 진학할 때 나는 영문학이나 불문학을 선택하려 했다. 그런데 아버지는 내게 중국문학을 전공하길 권하셨다. 닉슨이 중국을 방문하고 핑퐁 외교가 시작되던 1972년의 국제 정세 속에서 아버지께서는 또 몇 십 년을 내다보신 것이다. 중국이 눈을 뜨면 포효咆哮할 것이라고 하셨다. 그리고 중국의 그 많은 사람에게 볼펜 하나씩만 팔아도 액수가 엄청날 것이라고 은근히 내 마음을 부추기셨다. 사람들은 나에게 그 옛날에 이렇게 그런 탁월한 선택을 했느냐고 묻는다. 중국의 세계적 지위가 높아지면서 중국문학도 높은 평가를 받기 때문이다. 그럴 때마다 아버지를 생각하게 된다. 시골의 서재에 앉아 계시지만 넓은 세상을 멀리 보려고 했던 아버지를…….

내 마음속에 항상 남아 있는 아버지의 실루엣은 젊은 시절의 화려한 모습이 아니다. 시청 앞 정류장에서 나를 배웅하며 서

계시던 쓸쓸한 아버지의 모습이다. 병마와 싸우는 중에도 율곡 선생에 대한 책을 어떻게든 마무리하려고 분투하던 모습이다. 회색 바바리코트를 입은 구부정한 노인이 택시를 타고 떠나는 딸을 향해 손을 흔들던 모습이다. '빨리 가아 빨리 가아 수업에 늦지 않게 빨리 가아' 하고 말씀하시는 듯했다. 내가 수업에 늦을까봐 초조하시던 그 눈빛이 지금도 생각난다. 요즘도 시청 앞을 지나가다가 가끔 머리가 희끗희끗한 회색 바바리코트를 입으신 노신사를 만나곤 한다. 분명히 아버지는 아니련만 순간 가슴이 철렁하여서 고개를 젖히고 얼굴을 확인해본다. 아버지는 아니다. 그러나 이미 내 가슴은 아버지가 보고 싶은 그리움으로 눈물이 흐르고 있다.

자운서원, 아버지의 숨결

 아버지의 숨결이 느껴졌다. 한참을 눈을 감고 서서 마음이 가라앉기를 기다렸다. 다시 눈을 뜨니 왼쪽으로 자운서원이, 오른쪽으로는 율곡 선생님의 묘역이 보였다. 나무들에 가려져 아스라이 보이던 율곡 유적지栗谷 遺跡地로 천천히 들어섰다. 아버지 가슴에 안긴 기분이었다.
 파주는 나의 고향이다. 30년 만에 자운서원에 와서 아버지를 그리워할 여유도 없이 산 세월을 느낀다. 자운서원紫雲書院이 문화재로 지정되었다는 소식을 들은 지도 한참 되었는데 너무 늦게 왔다.
 율곡 선생님의 위패를 모신 자운서원을 지키고 있는 느티나무 두 그루가 보였다. 어릴 적 그 그늘 아래서 놀던 기억이 떠올라 오르막길을 단숨에 올라갔다. 온 식구가 자리를 깔고 앉아서 음식을 먹으며 즐거운 시간을 보냈던 그 자리다. 친정 툇마루에 온 것 같은 친숙함에 마음이 뭉클해졌다.

느티나무 등걸은 30년 전보다 훨씬 더 두꺼워져 있다. 조선시대 광해군 때에 창건되어 조선 후기 대원군 시절에 서원 철폐령을 맞은 이곳의 풍파를 고스란히 지켜보았고 한국전쟁도 겪었다. 그 험한 세월을 견딘 느티나무를 올려다보며 말을 걸었다. '너는 자운서원 역사의 증인이니 모든 것을 알고 있으리라 생각해. 아버지가 이곳을 지키기 위하여 정성을 쏟았던 것도 기억하겠지.'

아버지가 태어난 곳은 경기도 파주시 법원읍, 곧 율곡 선생의 고장이다. 큰아버지가 이곳에 학교를 설립하였고, 아버지가 학교 이름을 '율곡 중고등학교'로 정하고 율곡 선생의 '선공후사先公後私'의 정신을 건학이념으로 받들어 지역사회의 인재들을 키워냈다. 어린 시절부터 아버지의 서재에 걸려 있던 편액에 대해 아버지께 여쭤본 적이 있다.

"아버지, 저 한자의 뜻이 뭐예요?"

"나를 버리고 남을 위하여 살라는 의미야."

아버지는 매년 봄 소풍을 겸한 신입생 환영회를 율곡 묘소 앞에서 진행하셨다. 해마다 빠짐없이 '선공후사'의 정신을 전교생에게 가르치셨다. 자원서원의 율곡제뿐만 아니라 경포대의 '율곡제'에도 매년 참석하셨다. 아버지는 평생 율곡 선생님에 대한 자료를 수집하고 계셨으므로 율곡 연구자들의 방문을 자주 받으셨다. 아버지의 일생은 율곡을 향한 사랑 그 자체였다.

  자운서원에서 내려와 왼쪽의 묘지로 향했다. 아름다운 녹지에 산책로가 잘 단장되었다. 문화재로 지정되기 전, 아무도 돌보지 않았던 시절에는 아버지가 직접 관리하시던 곳이다. 아버지가 식목일에 학생들과 함께 심은 묘목이 자라서 이렇듯 훤칠하게 묘역을 지키고 있는 걸 보니 '선공후사'의 의미가 새롭게 느껴졌다. 어느새 그 푸른 녹음 속에 저녁노을이 스며들고 있었다. 그 푸른 잎새들 사이로 일렁이는 노을빛에서 아버지의 숨결이 느껴졌다. 나도 모르게 그리움에 복받쳐서 "아버지……." 하고 불러보았다.

  율곡 선생님 묘지는 가족묘역이다. 신사임당 내외분과 형님 부부의 묘지가 함께 있다. 참배를 마치고, 묘지 아래쪽에 앉아서 지는 해를 바라보았다. 추억이 많은 곳이라 쉽게 발길이 떨어지지 않았다. 고요한 숲속에서 새소리가 청량하게 들려왔다. 사방이 어두워질 무렵에야 묘역을 돌아나왔다. 율곡과 신사임

당 동상을 자꾸만 돌아보았다. 아버지 일주기—周忌 추도식에서 들었던 추도사가 생각났다. "95년 8월 영면할 때까지 오로지 율곡을 사숙하고 연구하다."

아버지가 돌아가실 때의 그 나이를 지금 내가 살고 있다. 어렸을 때는 아버지가 섭섭하게 생각되었다. 아버지는 밖의 세상에 빼앗기고, 우리들 곁에는 어머니만 계신다고 생각했다. 학교에서나 집에서나 항상 강조하시던 '선공후사'의 의미를 그때는 이해하지 못했다. 내 인생이 노년기로 접어들어 인생을 마무리해야 하는 시간의 눈금 앞에서야 지금껏 그 정신의 그늘에서 혜택을 입고 살았다는 것을 어렴풋이 깨닫는다. 아버지의 숨결이 곧 나의 숨결이 되었다.

여보세요, 엄마

언니와 바닷가로 소풍을 가기로 계획하자 옛날 학창 시절에 봄 소풍을 떠났던 날들이 생각났다. 김밥과 음료수를 배낭에 넣고 담임선생님을 좇아 학교 근처의 공원으로 소풍을 갔었다. 맑은 하늘에 구름이 둥둥 떠 있고 바람은 살랑살랑 불고 공원의 나무들에는 새순이 오롯이 고개를 내밀고 있었다. 가슴 속에는 설렘이 가득 차오르고 그 어린 나이에도 솟아나는 해방감에 무척 즐거웠다. 그런 소풍을 떠나고 싶었다. 아이들도 없이 언니와 나 둘이서 공항철도를 타고 서해안 바닷가로 가서 바닷바람을 쐬고 회도 먹기로 했다. 아침 일찍 일어나 언니가 좋아하는 견과류와 사탕 그리고 음료수를 챙겨 가방에 넣었다. 공항철도를 타고 인천공항에서 하차, 다시 버스편으로 을왕리 해수욕장의 선

녀바위로 향했다. 언니도 나도 기분이 좋았다. 철도 밖으로 보이는 풍경들은 이제 시작된 봄 기운이 완연했다. 회를 좋아하는 엄마 생각이 났다. "내가 엄마에게 전화했어. 우리가 마시안 해변에 가면 잠깐 다녀가신다고 했어." 정말이냐고 묻는 듯 나를 쳐다보는 언니의 눈가가 촉촉해졌다.

지난번 친지 결혼식에서 만난 언니는 완연한 노인의 모습이었다. 기운도 없어 보였다. 아픈 데는 없다니 안심이 되었다. 언니를 물끄러미 쳐다보면서 또 다시 후회할 일이 있을까 두려웠다. 더 세월이 가면, 언니가 더 늙으면 더 큰 후회가 올지 모른다. 초조한 마음마저 들었다. 언니가 이야기할 때마다 귀를 기울이며 쳐다보곤 했다. 언니한테서 돌아가신 엄마의 모습이 설핏설핏 보였다. "언니, 어디 가고 싶은 데는 없어? 우리 소풍 가자."

언니도 나도 자녀들이 모두 결혼하여 곁을 떠나고 호젓한 나날을 보내고 있다. 우리는 가끔 전화한다. 공통 화제는 돌아가신 엄마 이야기다. 젊은 시절에는 엄마를 자주 찾아뵙지 못했다. 이제야 후회가 된다. 지금 살아계시면 엄마와 함께 이곳도 가고 저곳도 가고……. 그러면 엄마가 얼마나 좋아하셨을까? 이제야 한가해졌는데 엄마는 이런 나를 기다려주지 않고, 이 세상에 계시지 않는다. 혼자 피식 웃음이 난다. 인생은 꼭 그렇게 내 마음과 반대로 흘러가곤 했다.

　엄마는 자주 아프셨다. 다른 형제들은 엄마 집 근처에서 살기에 자주 뵈었지만 나는 그러지 못했다. 그날도 회의가 있었다. 회의 중에 오빠가 전화했다. 엄마가 위독하시다고, 오늘을 못 넘기실 것 같다고 했다. 정신이 아득했다. 회의는 쉽게 끝나지를 않았다. 마음속으로는 애가 탔지만 아무 일 없는 듯이 회의를 계속했다. 엄마 조금만······. 회의를 마치고 병원으로 가는 도중에 차 안에서 엄마가 돌아가셨다는 연락을 받았다.

　지금까지 아프게 남아 있는 그날의 기억은 오랜 시간이 지났는데도 지워지지 않는다. 그날의 프로젝트는 몇 팀이 함께 이루어내야 하는 과제였다. 회의에 빠지면 전체적인 흐름을 파악하지 못한다는 생각만 가득했다. 그러나 그 내용이 귀에 들어올 리도 없는 상황이었다. 나는 왜 회의 중에 일어서지 못했는가? 당장 눈앞의 일에 대한 집착과 욕망만 가득했던 내 젊은 날의 초상이었다.

　마시안 해변에는 노을이 지고 있었다. 언니와 나는 커피 한 잔을 들고 카페 창가에 앉았다. 한 톤 높은 소리로 언니의 감탄이 계속되었다. 소녀적 모습으로 되돌아간 듯 즐거운 모습이다.

잔잔한 파도가 언니의 가슴을 적시는 듯했다. 삼남매의 어머니, 여섯 손주를 둔 할머니가 아닌 나의 언니가 되살아났다. 이쯤에서 나는 만족스러웠다. 엄마가 우리의 소풍을 기뻐해주시는구나 하고 느꼈다.

엄마는 그날 바닷가 물회집에, 마시안 해변에 우리와 함께 있으셨다는 생각이 들었다. 언니와 나는 차 안에서도 음식을 먹으면서도 바닷가를 걸으면서도 엄마 이야기를 했다. 옛날 어린 시절 얘기를 했다. 엄마 품에서 노닌 자매의 소풍이었다.

소리 없는 아우성

　창밖은 아름다운 색깔의 단풍잎으로 물들어 있다. 봄에 활짝 피었던 자목련도 잎사귀가 예쁜 노란색으로 물들어 있다. 그 옆 감나무에 주렁주렁 감이 달렸다. 자연의 아름다운 경관이 마치 잔치마당 같다. 가을날의 조용한 아침에 불현듯 지나온 시간이 내 기억 속으로 비집고 들어왔다.

　고등학교 3학년 1학기 초였다. 고3이라 입시 긴장감 가득한 교실에 물리 수업이 2주째 결강이었다. 물리 선생님이 부임하지 않으셨다는 것이다. 그러던 어느 날, 복도 끝에서 출석부를 들고 걸어오시는 낯선 선생님을 보았다. 새로 온 물리 선생님인 듯했다. 노타이 와이셔츠를 입은 작은 키의 선생님은 교단에 서는 게 처음인지 칠판에 판서할 때, 글자가 자꾸 위로 올라가면서 점점 커졌다. 뒤에서 아이들이 키득키득 웃는 소리가 들렸다. 모든 게 약간 서툰 듯 어리바리한 모습이 오히려 신선하게 다가왔다.

물리 선생님은 수업을 시작하기 전에 우리에게 시를 읽어주셨다. 물리 수업과 시는 안 어울리는 조합이라 생각했는데, 우리는 물리 시간마다 감동했다. 어느날 선생님은 유치환의 「깃발」을 낭송했다. "이것은 소리 없는 아우성……." 나에게도 깃발이 있는가? 내 마음속의 심장이 고동치고 있었다. 깃발이 나부끼는 장면을 떠올린 우리들의 눈이 반짝이던 순간이 지금도 또렷이 기억난다.

학교 근처의 유원지로 소풍 가던 날, 김밥도 먹고 오랜만에 신선한 공기를 들이키며, 잔디밭에서 뒹굴었다. 오락 시간이 되자 우리는 그동안 스트레스로 꽉 막힌 마음속 응어리들을 마음껏 쏟아냈다. 우리의 장기자랑이 한바탕 이어지고 마지막은 선생님 차례였다. 우리 반 담임을 맡은 물리 선생님이 노래 부르려고 무게를 잡는데, "아마 또 시를 읽으실 거야." 하며 웃는 소리가 들렸다. 그때였다. "봄 처녀 제 오시네 새 풀 옷을 입으셨네…." 작은 체구에 느닷없는 바리톤의 목소리가 창공을 가로질렀다. 나는 선생님의 노래 부르는 뒷모습을 보며 묘한 감정을 느꼈다. 그의 순수한 마음이 느껴졌다. 학생들에게 아름다운 것을 심어주려고 애쓰는 선생님의 마음이 내 가슴을 흔들었다.

어느 날 오후에 도서관 창문 너머로 선생님의 모습이 보였다. 학교 서쪽 담에 기대어 저녁노을을 바라보고 있었다. 수업이 끝났는지 아니면 들어가기 전인지, 그것은 모르겠다. 담 위에 출석부를 걸쳐놓고 턱을 괴고 노을을 바라보고 있었다. 아니, 노을과 하나가 되어 있었다. 저분은 물리 선생님인가? 시인인가? 알 수가 없었다. 분명한 건 내 마음이 온통 그를 향해 흔들리고 있다는 것이었다.

선생님은 서울에서만 사셨다고 했다. 그래서 이 지방 마을의 풍경이 참 좋다고 수업 시간에 이야기하신 적이 있다. 별을 연구하려고 유학을 준비하고 있다는 이야기도 들렸다. 그런 모든 것이 나는 좋았다. 어쩌다 복도에서 선생님을 만나면 얼굴이 빨개졌다. 저쪽 복도 끝에서 출석부를 들고 터벅터벅 걸어오는 선생님을 보면 교실로 숨었다. 사랑이 시작되고 있었다.

어느 날은 친구 K가 아침 등굣길에 예쁜 꽃다발을 들고 왔다. 수업 시간 전에 교무실에 들러 선생님 책상 위에 꽃을 꽂아 두는 것을 보았다. 창문 너머로 한참을 쳐다보았다. 아! K도 선생님을 좋아하는구나. 마음이 콩닥콩닥 뛰었다. 며칠을 고민하다가 어느 날, 나도 꽃다발을 준비해서 일찍 등교하였다. 선생님이 오시기 전에 꽃을 꽂아 두려고 부랴부랴 서둘렀다. 꽃다발을 풍성하게 하려다 보니 양이 너무 많았는지, 겨우 꽃병에 꽃을 꽂고 났는데 선생님이 출근하셨다.

선생님은 물끄러미 나를 쳐다보다가 "누군가 했더니 바로 너구나?" 하셨다. 남은 꽃과 가지들을 정리해서 교무실을 나오려고 하는데, 화난 선생님의 목소리가 내 귀에 꽂혔다. "이런 거나 신경 쓰고, 언제 공부할래? 대학은 그냥 들어갈 수 있는 줄 알아? 서울 사는 아이들은 학원이다 뭐다 밤잠도 안 자고 공부하는데……." 그러더니 내가 정성껏 꽂은 꽃을 뽑아 쓰레기통에 버렸다.

그날 집에 와서 밤새껏 울었던 기억이 난다. 남의 성의도 몰라주는 그런 무식한 선생님 따윈 잊자, 하고 며칠을 더 울었던 것 같다. 그런데 그런 후에 나는 선생님에 대한 섭섭함으로 오히려 공부에 더 전념할 수 있었다. 오기가 발동한 것이다.

그러고는 까마득히 잊어버렸다. 여고 시절에 총각 선생님에 대한 사랑을 '애송이 사랑'이라고 부른단다. 사랑이 무엇인가를 배우는 아기 걸음마라고나 할까? 대학에 입학하고 나서는 미팅도 하고 중국어 동호회에서 만난 남학생들과도 스스럼없이 지냈다. 그 시절의 '애송이 사랑'은 기억조차 나지 않았다.

대학을 졸업하던 해에 선생님에게 연락이 왔다. 내가 다닌

대학교의 입학 정보가 필요하다는 말씀이었다. 우리는 종로 어딘가의 다방에서 만났고 나는 부탁한 정보를 건넸다. 그리고 선생님의 권유로 광화문 근처의 영화관에서 〈러브 스토리〉를 함께 보았던 기억이 난다. 영화가 끝나고 저녁도 사준다고 해서, 그 근처 식당에서 함께 식사했다.

식사가 끝나고 헤어지려는 순간에 선생님이 주섬주섬 서류 가방에서 무언가를 꺼냈다. 비닐에 싸인 붉은 장미 한 송이였다. 지금도 영화의 한 장면같이 떠오른다. 흑백 화면 속에 그가 건넨 장미 한 송이만 컬러이다. "네가 졸업하기를 4년간 기다렸어." 흑백 화면 위로 초록잎이 보실보실 떠올랐다. 다른 건 아무것도 보이지 않았다. 작고 붉은 장미꽃 한 송이와 초록색 잎사귀만이 끊임없이 진동하고 있었다. 우리들 시작의 팡파르였다.

남편과 나의 시작이 어디쯤이었는지 아련하였다. 뒤를 돌아보기가 싫었는지도 모른다. 지금 그는 내 곁에 없다. 자신을 닮은 두 딸을 남겨두고 오랜 병마 끝에 하늘나라로 간지 10여 년이 되었다. 이 가을 덕분에 오래된 시간의 추억으로 들어가 보았다. 그곳으로 돌아가 보니, 우리들의 시작이 보였다. 붉은 장미 한 송이가 그 시작이었다. 그것이 우리들의 깃발이었던가.

우리들의 끝도 아름다울 것이다. 남편의 임종이 다가오는 순간에 함께 기도했다. 그리고 "사랑해요. 내가 곧 좇아갈게요." 하고 약속을 했다. 그의 감은 눈 밑으로 눈물이 흘렀다. 그는 지금도 천국에서 나를 기다리고 있을 것이다.

코스모스 같은 사랑

코스모스 길을 걸었다. 가을의 파란 하늘과 뭉게구름 아래에 코스모스가 피어 있었다. 바람이 불면 가느다란 꽃대에 꽃잎이 하늘하늘 흔들리고 있었다. 날씬한 허리가 바람결에 흔들리면 흰색과 분홍색 꽃잎들이 웃고 있는 아가씨 같았다. 참 아름다웠다. 그들은 군락을 지어 피어 있었다. 혼자가 아닌 함께 모여 있었다. 무리를 지어 함께 피어 있기에 더 예뻤다.

어린 시절에 보았던 코스모스가 생각난다. 그때는 가을 들판에 코스모스가 흔했다. 너무 흔해서 귀하다 생각하지 않았다. 사람들은 나에게 코스모스를 닮았다는 이야기를 많이 했다. 키만 크고 볼품없이 말랐다는 말로 들렸다.

어느 날이었다. 앨범을 뒤적이다가 사진 한 장을 발견했다. 등산을 좋아했던 남편이 산기슭에서 찍어준 사진이었다. 가을이었나 보다. 산기슭이 온통 코스모스 꽃이었다. 그 가운데 내가 서 있었다. 마른 몸매에 단발머리의 한 소녀가 웃고 있었다. 그 사진의 뒤를 보니 '코스모스 같은 그대여!'라는 남편의 메모가 적혀 있었다. 나는 기분이 안 좋았다. 흔하디흔한, 보잘것없는 꽃으로 비유되는 게 마땅치 않았다. 왜 남편은 나에게 '장미 같은 그대여!'라는 말을 하지 않을까? 사랑하는 사람에게만은 화사한 장미가 되고 싶었다. 붉은 꽃잎의 아리따운 장미가 부러웠다.

몇 년 전 큰 태풍이 왔을 때다. 내가 사는 곳이 태풍의 우측에 놓여 있었다. 방송에서는 연일 특보를 통하여 태풍 관련 주의사항을 안내하고 있었다. 나도 베란다 유리문에 테이프로 붙이고 비상식량까지 준비하며 태풍을 대비했다. 연일 폭우가 쏟아졌다. 저녁마다 걸었던 호수공원도 갈 수가 없었다.

태풍도 무사히 지나고 폭우도 멎었을 즈음에 호수공원을 걸었다. 쓰러져 있는 나무들도 있었고, 시설물도 많이 파괴되었다. 아! 복구하려면 시간이 걸리겠구나. 마음이 착잡했다. 정갈하게 정리되고 아름다웠던 예전의 공원 모습을 생각하며 산책

길을 걸었다. 그때 내 길가 한쪽의 조그만 화단이 눈에 들어왔다. 코스모스가 한 무더기 피어 있던 곳인데 코스모스가 보이지 않았다. 궁금해서 화단 쪽으로 다가가 보니 어디선가 덮쳐온 진흙에 꽃들이 묻혀서 보이지 않았다. 내가 쳐다보면 기쁨에 겨워 온몸을 흔들어주던 코스모스의 자태가 생각났다. 나는 진흙더미를 손으로 밀치며 코스모스를 찾았다. 몇 개의 꽃잎이 보였다. 반가웠다. 다시 진흙더미를 밀치고 밑바닥에 깔려 있던 코스모스 줄기를 세웠다. 그러나 잘 일어서지를 못했다. 몇 번인가 시도하다가 아쉬움에 손을 털며 집으로 돌아왔다.

며칠 후에 다시 호수공원에 갔다. 그리고 깜짝 놀랐다. 코스모스 줄기 하나가 고개를 내밀고 있었다. 손 하나를 간신히 들고 인사하는 아기처럼, 꽃잎 몇 개가 하늘하늘 나에게 인사하고 있었다. 너무 반가웠다. 진흙에 묻혀 사라진 줄 알았는데 참 강한 생명력을 가지고 있구나, 마음속으로 감탄하며 아기 볼 같은 코스모스 꽃잎을 어루만졌다.

비가 한 차례 내린 다음에 다시 호수공원을 걸었다. 진흙 밑에 깔려있던 코스모스 줄기나 잎이 모두 기지개를 켜듯, 두 손을 위로 올리고 웃으면서 나에게 인사를 했다. 모든 재해를 이기고 다시 생명을 찾은 모습이었다. 예전처럼 화사하게 마구 웃었다. 마음씨 좋은 시골 아낙처럼 이리 오라고 나를 부르는 듯도 했다.

 그 거센 태풍 속에서도 땅에 바짝 엎드려 있다가 다시 하늘거리며 기쁨의 미소를 짓고 있는 코스모스. 한 무더기 가득 살아난 그 꽃더미를 바라보고 바라보았다. 다시 살아나 인사하는 코스모스의 기쁨이 내 마음 깊숙한 곳까지 퍼져나갔다. "그래, 나도 한번 기쁘게 살아보고 싶구나. 너처럼." 가슴이 촉촉하게 젖어왔다.

 은퇴한 뒤 꽤 오래 외로움에 젖어 있었다. 사진기를 들고 풍경을 찍으러 다녀보기도 하고, 여러 가지 스포츠 활동도 시도해 보았다. 모든 게 신통치 않았다. 가장 큰 위로가 되었던 것은 자연이 주는 감동이었다. 변화하는 사계절의 모습과 하늘의 구름과 별을 바라보면 외로움이 조금씩 사라졌다. 푸르른 초목과 피고 지는 꽃들을 바라보며 생명의 순환을 음미했다. 가장 잊을 수 없는 것이 태풍이 휩쓸고 갔던 길가에 다시 피어난 코스모스의 생명력이었다.

 청량한 가을 하늘 아래 청초하게 피어나 바람결에 흔들리는 코스모스의 자태는 참 아름답다. 어느 때는 바람에 하늘하늘 흔들리는 모습이 방긋방긋 웃는 듯하다. 정겹다. 삐죽이 나온 꽃

줄기는 나에게 '이리 와요, 나하고 놀아요.' 하며 손을 내미는 듯하다. 이제 나는 코스모스가 좋다. 장미보다 좋다. 장미의 화려함은 쉽게 시들지만 코스모스의 경쾌함은 끈질기게 늦가을까지 계절을 물들인다. 젊은 시절에 부러워하던 장미의 화려한 자태는 이제 별로 좋아하지 않는다.

  길가 저 끝에 무심히 피어 있는 코스모스처럼 나도 길가에 그냥 우연히 뿌리내린 들꽃이고 싶다. 도드라지려고 애쓰지 않고, 외로운 사람의 눈길이 닿으면 손 흔들어주고 웃어주며, 코스모스처럼 그냥 피어 있고 싶다. 코스모스는 나의 꽃이다.

엄마가 미안해

스펀十份은 타이베이에서 1시간 정도 떨어진 지룽基隆 근처의 마을이다. 인근에 있는 스펀 폭포로도 유명하지만, 마을 중심을 가로지르는 핑시平溪선 철도와 천등을 날리는 장소로 유명하다.

멀리 천등天燈 행사의 모습이 보인다. 많은 사람들이 천등을 앞에 놓고 자기의 소원을 쓰고 있다. 하늘을 보니 그들이 날린 천등이 하늘을 둥둥 떠다니고 있다. 사람들이 자기가 띄운 천등을 바라보며 손뼉을 치고 있는 모습이 삶의 생동감을 느끼게 해준다. 희망의 날개를 찾아가는 인간의 아름다운 몸짓이다. 모든 사람은 크고 작은 소원이 있다. 그들은 무엇을 소원할까? 그러면서 나에게 묻고 있었다. 나는 소원이 무엇인가?

천등은 중국에서 처음 만들어진 축제용 열기구이다. 종이풍

선에 촛불을 밝혀 공기를 데워 하늘로 띄워 보내는 놀이로 성공과 복을 담고 있다. 천등은 풍등風燈, 또는 공명등孔明燈이라고 부른다. 삼국시대에 제갈공명이 아군에게 위험한 상황을 알리기 위하여 풍등을 고안하여 날린 것이 공명등의 시초이다. 중국에서는 공명등이라 하고 타이완에서는 천등이라 한다.

이번 여행은 세미나에 참가하는 것도 아니고, 자료 수집을 위한 분주함도 없다. 친구들과 즐거운 시간을 보내기만 하면 되었다. 그러나 8년 동안 유학했던 타이베이는 나를 가만히 놔두지 않았다. 가는 곳마다 옛날의 기억이 나타났다. 큰딸을 시어머니와 남편에게 맡기고 논문을 마무리하던 그때의 기억이 넘쳐흘러 여행 내내 딸들 생각에 빠졌다.

여행의 장점은 현실을 잊을 수 있는 것이다. 여행 전에 무슨 일을 하다가 왔는지도 까마득히 잊어버린다. 그런데 이번 여행에서는 딸들의 얼굴이 자꾸 어른거렸다. 현실에서 나는 훌륭한 엄마가 아니었다는 자괴감과 함께……. 지금이라고 좋은 엄마인가? 가족 모임이 있으면 손주들 얼굴을 들여다보는 데 온통 정신을 빼앗긴다. 그러다 온통 사위들 이야기로 꽃을 피우고, 헤어질 무렵에야 두 딸과 인사하며 아쉬워한다.

짧은 방학이 끝나고 어린 딸과 헤어져서 다시 타이베이로 떠나는 날이었다. 공항에서 딸이 언제 올 거냐는 딸의 물음에 '곧'이라고 대답했다. 그 말밖에 할 수가 없었다. 기숙사에 도착하여 짐을 풀고 한국에 전화했다. 잘 도착했다는 소식을 전하기 위해서였다. 남편에게 딸은 잘 있느냐고 물으니, 엄마의 잠옷을 껴안고 울다가 지금 막 잠이 들었다고 했다. 그 얘기를 듣고 나 역시 힘이 들어 며칠 밤을 뒤척였다. 아주 오래 전의 일이다. 그런데 어찌하여 여행기간 내내 그 힘든 시간들이 생생하게 기억이 날까. 딸에게 엄마는 우주인데, 특히 어렸을 때는 더욱 더 커다란 우주였을 텐데. 누구도 대신해 줄 수 없는 엄마의 빈 공간을 외롭게 견뎠을 딸의 심정이 아릿하게 다가왔다.

논문 집필의 마지막 고개를 넘고 있었다.
지도교수님을 찾아뵙고 논문 원고를 드렸다. 그리고 전에 드린 원고를 돌려받았다. 교수님은 자상하게 논문의 수정 방향을 설명하셨다. 그리고 받아 든 원고 속에 가득 적혀 있던 빨간 볼펜의 흔적. 매번 겪는 일이지만 이번에는 맥이 쭉 빠졌다. 전날 받은 사진 한 장 때문이었다. 우체통에서 꺼내 온 남편의 편지 속에 들어 있던 큰딸의 사진은 구정에 찍은 사진인 듯했다. 한복을 입었는데 흙이 잔뜩 묻은 운동화를 신고 있었다. 머리는

마구 헝클어져 있었다. 엄마 없는 티가 나네. 혼잣말이었다. 후줄근한 딸의 모습이 왜 그렇게 속이 상했는지 모르겠다. 정말 괴로운 것은 가을날의 낙엽같이 쓸쓸한 딸의 표정이었다.

  책상 위에 놓인, 빨간 볼펜 자욱이 빽빽한 원고 뭉치를 한참을 쳐다보았다. 그러다가 불현듯 원고지를 쓰레기통에 던졌다. 논문을 포기하고 싶은 마음이 들었던 것이다. 외로운 표정의 딸 모습이 잊히지 않았다. 투정하고 싶은 마음에 한국의 남편에게 전화했더니, 딸은 건강하고 아무 탈이 없는데 왜 그러느냐고 반문하였다. 다 그만두고 돌아간다는 나의 말을 시큰둥하게 들으며 별다른 대꾸를 하지 않았다. 그러고는 어떻게 시간이 갔는지 기억이 나지 않는다. 그런대로 논문은 끝이 났다. 그러나 집 뒤의 공터에서 쓸쓸하게 서 있던 딸의 모습은 지금까지도 가슴 속에 선명하게 남아 있다.

  천등을 띄우는 사람들로 북적이는 철길 위로 달려갔다. 친구들도 천등 앞에서 자기의 소원들을 적고 있었다. 나의 소원은 무엇인가?

  '문형아! 선형아! 엄마가 한없이 미안하다. 엄마의 딸 노릇 하느라 아주 힘들었지. 지금도 힘이 없는 엄마지만, 너희를 위해 기도하는 엄마가 되어 줄게. 꿈을 가지고 저기 스펀의 하늘

을 날아 지붕을 지나 태평양 위로 훨훨 날아라.'

친구들이 천등을 들어주어서 무사히 등을 날렸다.

"Moon, Sun 날아라."

천등은 스펀의 하늘 위로 날아갔다. 딸들의 소원이 하늘 끝까지 닿기를 마음으로 기도하며 오랫동안 하늘을 바라보았다. 뭉게구름 가득한 하늘이 두 딸의 꿈을 반기는 듯 웃고 있었다.

디트로이트 공항에서

코로나 바이러스가 한국에서 시작할 무렵에 미국에 가게 되었다. 2020년 1월 말이었다. 아이오와주에 살면서 출산을 앞두고 있던 딸의 산바라지를 위해서였다. 딸은 건강한 아기를 출산했고, 몸도 차츰 회복되어 갔다. 나는 예정대로 3월 말 귀국을 앞두고 있었다. 그러나 코로나바이러스는 중국과 한국을 넘어 전 세계로 옮아가고 있었다. 미국의 확산세가 눈에 띄었다.

3월 13일에는 트럼프 대통령이 국가 비상사태를 선포했다. 이후에 미국 전역의 일상이 멈추어버렸다. 인천행 비행기는 예약이 취소되었고, 신규 예약도 쉽지 않았다. 비행기는 세 번이나 취소되었고, D항공으로 바꾸고 나서야 출국 날짜를 정할 수 있었다. 3월 21일에 디트로이트 공항에서 출발하는 비행기였다. 허둥지둥 오른 귀국길이었다. 아이오와주 디모인에서 동부쪽 디트로이트로 가야했다. 어서 빨리 미국을 떠나고 싶었다.

이른 시간이어서인지 디모인 공항도 디트로이트 공항도 사람들이 많지 않았다. 나는 마스크를 하고 인천행 비행기로 갈아타야 할 54번 게이트로 향했다. 되도록 구석진 곳을 찾아 걸음을 옮겼다. 동양 여성인 나를 누가 주목할까 두려움에 휩싸였다. 뉴욕의 한국인이 마스크를 쓰고 외출했다가 미국인들에게 구타당했다는 기사를 전날 신문에서 읽은 탓이다.

54번 게이트에는 사람들이 많았다. 전부 한국 사람인 듯했다. 학생이 대부분이다. 대학들이 온라인 수업으로 대체하면서 기숙사를 폐지했기 때문이다. 학생들은 마스크뿐만 아니라 고글을 끼고 의료진들이 입는 방호복까지 입고 있었다. 비행기 안에서 감염될 것을 염려한 듯했다. 전쟁이다. 하지만 일단 안심이 되었다. 대기실 밖에 D항공 비행기가 보였다. 긴장이 누그러졌다. 아이오와에서 겪은 그간의 일들을 되짚어보았다.

국가 비상사태가 선포되던 날이었다. 혼자서 마트에 갔다. 한국에서 가져간 마스크를 쓰고 갔는데, 마트에 들어서면서부터 이상한 분위기를 느꼈다. 모든 사람이 나를 피해 달아나는 것 같았다. 부모들은 내 옆을 지나가는 아이들을 끌어당겼다.

내가 지나가면 사람들이 물결이 갈라지듯이 사방으로 흩어져 도망갔다. 한참 지나서야 그 이유가 마스크 때문이라는 것을 알게 되었다. 집으로 돌아오는데 가슴이 두근거렸다. 딸과 사위도 사람들에게 구타당하지 않은 것이 다행이라고 했다. 딸은 나의 편안치 않은 기색이 걱정되는지 두 나라의 문화 차이를 여러 번 설명했다. 한국과 미국의 마스크 사용이 다르다는 것이다. 미국에서 마스크는 환자들만 쓰는 물건이라는 것이다. 그럴수록 내 마음속에는 불안감이 켜켜이 쌓여가고 있었다.

며칠 후에는 기온이 영상이 되었다. 오후에 산책에 나섰다. 딸네 집 옆에 있는 호숫가를 지나면 주택들 사이로 길게 뻗은 도로가 있었다. 산책하기 좋은 코스였다. 맑은 하늘이 눈에 가득 들어왔다. 어린 소녀가 세발자전거를 끌고 골목 사이로 걸어오는 것이 보였다. 하늘색 점퍼를 입은 어린 수녀는 금발이었다. 한국에 있는 손녀와 나이가 얼추 비슷해 보여서 나는 웃음을 가득 머금고 소녀를 쳐다보고 있었다. 몇 발자국 걷다가 보니, 한 건장한 백인 남자가 소녀 뒤에서 나를 뚫어지게 쳐다보고 있었다. 소녀의 아버지인 듯했다. 손에 연장을 들고 있는 것이 보여서 정신이 번쩍 들었다. 어떻게 그곳을 떠나왔는지 생각이 나지 않는다. 딸과 사위는 그 연장이 총이었을 것이라고 단정했다. 국가 비상사태가 선포되고 동양인에 대한 적개심이 심해져가는 것을 실감했다. 그 뒤로는 마트에도 못 가고 산책도 포기했다.

빨리 인천공항에 도착하고 싶었다. 한국도 불안하긴 마찬가지일 것이다. 유럽과 미국에서 코로나 바이러스를 피해 귀국하는 사람들로 복잡할 것이다. 더 위험한 상황일지도 모르지만 나는 한국으로 가고 싶었다. 그곳에서 더 큰 전쟁이 일어난다 해도, 나는 가리라. 이 지구상에서 나를 기다리는 곳은 오직 코리아, 인천공항 그리고 공항버스를 타고 한 시간 정도면 도착하는 일산의 내 작은 아파트뿐이었다.

비행기 출발 시각이 다가오고 있었다. 마음이 편안해졌던 걸까. 주머니에 손을 넣었다. 마스크 하나가 만져졌다. 딸의 집에서 나설 때가 생각났다. 집에는 마스크가 세 개뿐이었다. 사위는 자신이 한 개 쓰고, 나머지 두 개를 내게 주었다. 그런데도 내가 불안했던가 보다. 사위는 나를 배웅해주고 가면서 쓰고 있던 마스크까지 나에게 건넸다.

"아무래도 마스크 두 개로는 안 되실 것 같아요. 혹시 훼손되거나 답답하시면 마스크를 바꾸세요. 마스크가 생명이에요."

그제야 생각이 났다. 나는 어쩌자고 이것을 받았을까? 딸네 집에는 마스크가 하나도 없는 것을 알면서도 덥석 받아 주머니에 넣다니. 마스크가 생명이라면 부모가 자식에게 양보해야지, 후회가 되었다. 코로나 초기에는 미국에서 마스크를 구하기가 힘들었다. 그렇게나 정신이 없다니. 떠나오면서 손자 진기를 안 아보지 못한 것도 아쉬웠다. 디트로이트 공항의 맑은 하늘 위로 딸과 사위 그리고 손자의 얼굴이 오버랩 되었다.

  시간이 지나면 내가 겪은 상처가 아물기를 바란다. 나라 간의 문화 차이도 이해되기를 바란다. 또한, 한국과 미국 그리고 온 세계가 코로나 바이러스 전쟁에서 승리하기를 바란다. 18세기 페스트와의 전쟁도 종식되고 나서는 새로운 르네상스 시대가 열렸다. 지금 이 혼란은 새로운 미지의 세계가 열리기 위한 고통일지도 모른다.

  주머니 안에서 내 손은 한 개의 마스크를 꼭 쥐고 있었다.

푸르른 나무들

"가족사진 찍어요."

큰딸이 봄 문턱에 연락했다. 한참을 '가족사진'이라는 글자를 되새겼다. 아주 낯설었다. 먼 옛날 어디에선가 스쳐보았던 다른 집 가족사진의 모습이 휘익 지나갔다. 그러고는 한 장의 사진이 눈앞에 보였다. 얼른 서재에 있는 앨범을 뒤적이며 가족사진 하나를 찾았다. 두 딸이 어렸을 때, 아빠와 함께 찍은 빛바랜 사진이다. 가족사진이라면 그것이 마지막이다. 더 이상 우리는 가족사진을 찍지 않았다. 아빠가 사라진 가족사진을 마주할 자신이 없었다.

내 생일에 모여서 가족사진을 찍었다. 그리고 딸이 보내온 가족사진 액자를 망연히 바라보고 있었다. 내 가족이 이렇게 많은 줄 몰랐다. 특별히 건장한 두 명의 사위가 눈에 띈다. 양쪽에 서 있는 사위들 모습이 푸르른 나무들 같다. 어찌 저리 늠름할까. 아! 이들이 나의 사위구나. 현실에서 사위들과 많은 시간을 함께 지내왔건만 가족사진이라는 이름의 객관적 물증 앞에서야 비로소 실감이 났다. 무슨 서류로 인증받은 듯 마음이 뭉클했다. 거기에다가 세 명의 손녀와 손자까지 웃고 있었다.

나는 왜 나의 역사가 바뀐 것도 실감하지 못했을까. 내 역사 속의 가족사진은 두 딸이 어렸을 때 아빠와 함께 찍은 빛바랜 사진뿐이었다. 후에 동해안 바닷가에서 두 딸과 같이 찍은 사진 액자가 화장대 위에 놓여 있다. 나와 두 딸만 있는 사진을 가슴에 품고 살아왔다.

사진 속 사위들을 한참동안 보았다. 마음이 든든함으로 뿌듯해졌다. 나는 인생의 새 계절을 살고 있구나. 오랜 세월 가상이 되어 가족을 이끌어왔다. 중요하거나 사소하거나 모든 것을 내가 결정해야 하는 것이 힘이 들었다.

요즘 나는 딸들 걱정을 하지 않는다. 옆 눈으로 힐끔 보아도 사위들이 자기 아내를 잘 보살핀다. 그럴 때마다 나는 가슴을 쓸어내린다. 삶의 힘든 여정을 함께 걸어가는 그들이 믿음직스럽다. 딸들은 사위들의 든든한 팔에 기대어 언덕을 넘어가고 있다. 이젠 내가 해줄 것이 없다. 가족사진 액자를 받아 들고 하늘나라에 가 있는 남편 생각을 했다.

　남편은 한 번도 내 앞에서 아들 타령을 해본 일이 없다. 딸들에게도 마찬가지였다. 그러나 나는 눈치를 챘다. 두 딸의 이름을 지을 때, 꼭 남자아이의 이름으로 지었다. 더구나 항렬자인 형衡을 고집했다. 두 딸에게 모두 그랬다. 늦은 나이에 아빠가 되어야 했던 남편의 속마음이 이제는 이해가 된다. 그때는 임신 중에 태아의 성별을 알 수가 없었던 시절이었다.

　"'문'자도 싫고, '형'자도 싫어요"
　큰딸이 초등학교 입학을 하고 며칠 지난 어느 날, 학교에서 돌아오자마자 가방을 소파에 던지며 울먹였다. 나는 어안이 벙벙했다. 친구들 이름은 '시내' '고은' '새롬' 등 예쁜 이름이 많은데, 자기 이름만 남자 이름이라는 것이다. 가만히 듣고 있던 남편은 딸에게 '문형文衡은 옛날 조선시대 대제학大提學의 이름이며, 너는 문명文名이 있는 훌륭한 사람이 될 것'이라고 말하며 딸의 등을 토닥여주었다. 딸은 이제 제 이름을 자랑스러워한다.
　둘째딸을 임신했을 때도 마찬가지였다. 그때도 남편은 아기 이름을 지어야 한다고 족보도 뒤적이고 사전도 뒤적였다. 그러더니 어느 날 선형宣衡이라는 이름을 나에게 건넸다. '베풀고 꽉 잡으라'는 의미라고 했다. 역시 남자 이름이었고, 정치가 스타일의 이름이었다.

"대통령을 시켜야지."

남편의 꿈이 대통령이었을까.

남편이 오랜 투병 생활 끝에 하늘나라로 갔다. 아빠가 임종하는 순간에 두 딸이 내 곁에 있었다. 아니, 두 딸이 아빠 곁에서 아빠의 손을 꼭 잡고 있었다. 2월의 날씨였는데 아빠의 장례를 집에서 가까운 병원으로 옮겨야만 했다. 두 딸은 아빠의 주검을 운구하는 장의사 직원들 사이에서 아빠에게 찬바람이 스며들까 봐 자기의 외투를 하얀 시트 위에 얹어 놓고 있었다. 장례식에서도 두 딸이 상주 노릇을 했다. 딸들은 어린 나이였다. 미혼의 대학원생과 대학생이었다. 그러나 조금도 당황히는 깃 없이 아빠의 장례를 잘 치렀다. 아들 같은 딸들이었다. 딸들은 아빠의 희망대로 아들 노릇을 했다. 아주 늠름했다.

장례식장은 딸들의 친구와 지인들로 연일 북적였다. 나는 생각했다. '아빠를 일찍 여의었지만, 너희들은 아마도 잘 살아갈 것 같다.' 지인과 친구들이 많았다. 나는 장례식장 한편에서 많은 조문객들을 쳐다보며 고개를 끄떡였다. 딸들이 든든한 것이 남의 집 열 아들이 부럽지 않았다.

새로운 가족사진을 보며 아쉬운 마음이 가득했던 것은 그는 어찌하여 서둘러 하늘나라로 가서 이 푸르른 나무 같은 사위들을 만나지 못했는가 하는 생각 때문이었다. 세 손주가 모두 조금씩 외할아버지를 닮았다. 외손녀 유진은 외할아버지의 코를 닮았고, 큰 외손자 진기는 웃음이 닮았다. 둘째 윤기는 반짝이는 재치를 닮았다.

다시 가족사진을 바라본다. 역사가 바뀐 것도 모른 채 살아왔다. 외로운 것이 내 인생이려니 했다. 이렇게 식구들이 내 곁에 가득한데 그것도 실감하지 못하다니. 특히 양쪽에 우뚝 서 있는 푸르른 두 그루의 나무는 내 인생의 소중한 보물들이다.

닫는 글

아침에 일어나 거실로 나간다. 초록의 잎들을 만나기 위하여. 더위에도 녹색의 빛을 머금고 있는 그들이 대견하다. 군자란, 호접란, 녹보수… 그들도 내 눈길과 음성을 느끼는 듯하다. 우리들의 대화는 초록의 밀들이다. 나는 언제부턴가 더 많은 초록의 말들을 원하게 되었다.

2월 중순부터 생명이 움트는 소리를 찾아 고성으로 갔다. 시외버스 안에서 창밖의 움트는 새순이 보고 싶어서 굽이굽이 산길을 돌아 동해로 떠났다. 가평휴게소를 지나 인제터널을 통과하면서, 차창에 이마를 붙이고 눈을 감은 채 생명이 움트는 소리를 들었다. 용대리 백담사 입구에서 드디어 봄을 만났다. 그러나 새순의 연두색은 완연하지 않았다. 4월쯤 다시 새로 솟아나는 풀잎들의 속삭임을 만나러 창녕 우포늪에 갔다. 햇빛이 비친 연둣빛 잎들이 보석처럼 빛나고 있었다. 어떤 잎들은 벌써 성숙한 초록으로 변하고 있었다. 연두에서 초록으로 변해가는 우포늪을 바라보며 생명이 익어가는 모습에 취했다. 여름이 되니 초록에 묻혀 지낸다. 왜 그렇게 초록이 좋은지, 초록의 나무들이 터널을 이룬 아파트 뒷길에 하루 종일 앉아 있기도 한다.

광화문을 지나다가 빌딩에 걸린 '여름은 동사의 계절'(이재무)이라는 시 구절을 보았다. 나는 언뜻 '초록이 동사이다'로 읽었다. 멋대로 여름과 동사라는 단어에서 초록을 읽어버렸다. 왜 그리 기분이 좋았는지 모르겠다. 내가 푹 빠진 초록의 본질을 그 싯귀에서 읽었기 때문이다. 초록색 나뭇잎이 바람에 일렁이는 것을 보노라면 삶의 의욕이 느껴진다. 동사가 되어 자꾸 움직이고 싶다. 나도 그들 나뭇잎처럼 사람들에게 손을 흔들며 이 시원한 바람을 맞으라고 유혹하고 싶다.

친구에게 '초록' 이야기를 잔뜩 했더니 그 친구의 친구인 이재무 시인으로부터 시집이 도착했다. '뻗고 자라고 흐르고 번지고 솟으리라'라고 그가 쓴 것처럼 나도 시들지 않는 초록의 영혼으로 수필을 쓰리라.

내 가슴에는 세 개의 초록빛 보석이 있다. 유진, 진기, 윤기다. 황폐한 내 가슴에 연한 녹색의 새싹이 돋게 만드는 아이들이다. 이 어린 생명들과 손을 잡고 호기심 가득한 눈을 푸르게 반짝이며 새로운 세상을 향하여 새로 걸음마를 배우듯 나아가고 있다.

초
록
애
상

2025년 9월 8일 초판 1쇄 발행

지은이 | 노상비

펴낸 곳 | 읽고쓰기연구소
발행인 | 이하영
도서문의 | 02-6378-0020
출판등록 | 제2021-0000169호
주소 | 서울특별시 마포구 동교로 136 서강빌딩 202호
이메일 | writerlee75@gmail.com   editor93@naver.com
블로그 | blog.naver.com/editor93

© 노상비, 2025
ISBN 979-11-988726-3-0 (03800)
값 16,800원

- 이 책은 저작권법에 따라 대한민국 내에서 보호를 받는 저작물이므로 무단 전재 및 복제를 금합니다.
- 잘못된 책은 구입한 곳에서 바꿔드립니다.